DISCLAIMER

The author and publisher are providing this book and its contents on an "as is" basis and make no representations or warranties of any kind with respect to this book or its contents. The author and publisher disclaim all such representations and warranties, including but not limited to warranties of merchantability. In addition, the author and publisher do not represent or warrant that the information accessible via this book is accurate, complete, or current.

Except as specifically stated in this book, neither the author nor publisher, nor any authors, contributors, or other representatives will be liable for damages arising out of or in connection with the use of this book. This is a comprehensive limitation of liability that applies to all damages of any kind, including (without limitation) compensatory; direct, indirect, or consequential damages; loss of data, income, or profit; loss of or damage to property; and claims of third parties.

Copyright © 2022 LINGUAS CLASSICS

BESTACTIVITYBOOKS.COM

All rights reserved. No part of this book may be reproduced or used in any manner without the written permission of the copyright owner except for the use of quotations in a book review.

FIRST EDITION - Published 2022

Extra Graphic Material From: www.freepik.com
Thanks to: Alekksall, Starline, Pch.vector, Rawpixel.com, Vectorpocket, Dgim-studio, Upklyak, Macrovector, Stockgiu, Pikisuperstar & Freepik.com Designers

This Book Comes With Free Bonus Puzzles
Available Here:

BestActivityBooks.com/WSBONUS20

5 TIPS TO START!

1) HOW TO SOLVE

The Puzzles are in a Classic Format:

- Words are hidden without breaks (no spaces, dashes, ...)
- Orientation: Forward & Backward, Up & Down or in Diagonal (can be in both directions)
- Words can overlap or cross each other

2) ACTIVE LEARNING

To encourage learning actively, a space is provided next to each word to write down the translation. The **DICTIONARY** allows you to verify and expand your knowledge. You can look up and write down each translation, find the words in the Puzzle then add them to your vocabulary!

3) TAG YOUR WORDS

Have you tried using a tag system? For example, you could mark the words which have been difficult to find with a cross, the ones you loved with a star, new words with a triangle, rare words with a diamond and so on...

4) ORGANIZE YOUR LEARNING

We also offer a convenient **NOTEBOOK** at the end of this edition. Whether on vacation, travelling or at home, you can easily organize your new knowledge without needing a second notebook!

5) FINISHED?

Go to the bonus section: **MONSTER CHALLENGE** to find a free game offered at the end of this edition!

Want more fun and learning activities? It's **Fast and Simple!**
An entire Game Book Collection just **one click away!**

Find your next challenge at:

BestActivityBooks.com/MyNextWordSearch

Ready, Set... Go!

Did you know there are around 7,000 different languages in the world? Words are precious.

We love languages and have been working hard to make the highest quality books for you. Our ingredients?

A selection of indispensable learning themes, three big slices of fun, then we add a spoonful of difficult words and a pinch of rare ones. We serve them up with care and a maximum of delight so you can solve the best word games and have fun learning!

Your feedback is essential. You can be an active participant in the success of this book by leaving us a review. Tell us what you liked most in this edition!

Here is a short link which will take you to your order page.

BestBooksActivity.com/Review50

Thanks for your help and enjoy the Game!

Linguas Classics Team

1 - Antiques

```
K J V Å R E S T A U R E R I N G
I O S L R U T P L U K S P R I S
A K N E V T N A G E L E H T R A
A M X S G N I R E T S E V N I U
G U V I T A R O K E D K U Y L K
A A T V Ä R D E N E K C Y M S T
L K V E A N S A X D W X S J B I
L Y B D N R I S A R E B H V S O
E Y S A A T R W B G A N N V E N
R E J R I E I M O V A N L I G V
I V M D F T O S R M D M I O W V
C A P N W I D Y K S T O T S D Y
M R D U N L E B Ö M H L S R J A
M X M H G A M M A L N Y N I S A
B B W R D V I A K E B P I A H S
F N M Å P K Y Z K F M C I W V A
```

KONST
AUKTION
AUTENTISK
ÅRHUNDRADE
MYNT
ÅRTIONDEN
DEKORATIV
ELEGANT
MÖBEL
GALLERI

INVESTERING
SMYCKEN
GAMMAL
PRIS
KVALITET
RESTAURERING
SKULPTUR
STIL
OVANLIG
VÄRDE

2 - Food #1

```
X I R V C Y F N Z Y T M O R O T
S T O J N T B F L C S S P J M L
A Y J D V F D I C N F A Ä O T A
A U W O P V C K S K A L R R O S
V P N M R V I T L Ö K L O D N K
O U R W U D X U D O I A N G F F
R O A I W M N U R M L D B U I J
A X O F K J W Ö C C I E U B S N
J U I C E O V M T I S U N B K L
S O P P A L S J K T A K F A Y Ö
C E V Y J M O Ö O R B A N L K K
S S U L H J W L R O P U K H D G
T A D K G P Z K N N Z B G T K S
C N W G E X N W I G G V Y R X P
S O C K E R E S N B S P E N A T
U T X V E P L G B Y I J S Y R S
```

APRIKOS JORDNÖT
KORN PÄRON
BASILIKA SALLAD
MOROT SALT
KANEL SOPPA
VITLÖK SPENAT
JUICE JORDGUBB
CITRON SOCKER
MJÖLK TONFISK
LÖK ROVA

3 - Measurements

```
H A G U G F F M M T D M C H L K
Y Y V S R B W Y U A F R I L C I
D W W K A C I O T M S N U J K L
K Y E I M V I K T L L S S N N O
X I P T X X I L I T E R A U B M
V X L Z J S K X O S K F M A Y E
M V H O V Y U A Z R A P M C T T
T C M D G N Ä L V B I U E T E E
V O L Y M R C U D I A A R D S R
S A C P T B A X Y Z K I G J D M
Y J U F R P W M F R N N R U E E
H R O V Y L F J U T O N A P C T
C E N T I M E T E R U A D R I E
Y R P K Z W S R C J T N B P M R
N R E T H Ö J D D E R B I U A A
N A V E D U D Y O V C E E M L I
```

BYTE
CENTIMETER
DECIMAL
GRAD
DJUP
GRAM
HÖJD
TUM
KILOGRAM
KILOMETER

LÄNGD
LITER
MASSA
METER
MINUT
UNS
TON
VOLYM
VIKT
BREDD

4 - Farm #2

```
L A D A T T W P H D V B N B G F
R V C C R J C K I H Ä E M O E R
T P K J A B N N M W D V J N U U
G E W C K F X X V L E A A D X K
A L U J T K M D E Z R T J E I T
I Y M N O F E M T U K T D D P T
M W T A R C Å G E B V N J R L R
O A C K T K U R F K A I U E R Ä
M S L N L A M A V O R N R H C D
U J K A S N Ö R G R N G M N T G
B A Ö E A F K X N N P E S B H Å
X M O L W U D S Ä B Y S S Z V R
Z A A K K M L A M M S Y M F W D
I S S P B Y C Z E I Z M V H H X
F B I N O H J K K S K O A F L N
Y X F N E E X O F L N U E L X H
```

DJUR
KORN
LADA
MAJS
ANKA
BONDE
MAT
FRUKT
BEVATTNING
LAMM

LAMA
ÄNG
MJÖLK
FRUKTTRÄDGÅRD
FÅR
HERDE
TRAKTOR
GRÖNSAK
VETE
VÄDERKVARN

5 - Books

```
C Ä Y S H I S T O R I S K D B F
C V Y J N H V C V Ä R R S P E Ö
H E K G L R I H P R G E I R R R
W N H T H Z R T I E K A G E Ä F
K T S S E I K I D T Y P A D T A
C Y Y H J H S K P T O Z R T T T
P R H R U B T S S I O U T S A T
A O C G G I I I R L E C D A R A
D Y E B E R Ä T T E L S E M E R
I I H S V D S S N E M K Z M R E
S T K L I E A I A T T S W A P W
F M V T W H M R V J E I Y N R L
L Ä S A R E L O E P P P L H C R
Y G I G C R I M L S U E S A G O
R O M A N D N U E A B A Y N U R
O R C U I Z G H R V Z R K G A D
```

ÄVENTYR
FÖRFATTARE
SAMLING
SAMMANHANG
DUALITET
EPISK
HISTORISK
HUMORISTISK
LITTERÄR
BERÄTTARE

ROMAN
SIDA
DIKT
POESI
LÄSARE
RELEVANT
RAD
BERÄTTELSE
TRAGISK
SKRIVS

6 - Meditation

```
G U X V Y F O H Z X O F X M S
O Z P S Ä D O O F W V E R K H Z
D M Z P J N M U S I K F E T A M
K V Z D M L L A N D A S D C H Z
Ä V X L B Ä R I V K Ä N S L O R
N I T S O J R C G A F Y B C E U
N T L Y R U N K L H N H D A M T
A K O V J D I L S D E O N Z M A
N E R A K N A T C A U T R J M N
D P R K O Z Z I S N M E B I J G
E S L E R Ö R J T T H H A T U X
U R R N M L G B P S L R E K F K
M E D K Ä N S L A Y U A N T X B
S P R R R N G B X T G L N R D Y
T A C K S A M H E T N K I X X D
N A R L F M T K S I K Y S P G G
```

GODKÄNNANDE
UPPMÄRKSAMHET
VAKEN
ANDAS
LUGN
KLARHET
MEDKÄNSLA
KÄNSLOR
TACKSAMHET
VANOR

VÄNLIGHET
PSYKISK
SINNE
RÖRELSE
MUSIK
NATUR
FRED
PERSPEKTIV
TYSTNAD
TANKAR

7 - Days and Months

```
M V H S R A M Å F Y A F K C K Z
K Å L N Ö F K R R I U K W A S S
O N N K N N P H J H G A D S I T
K P H A O R D Y I L U J H L H S
T I M K D O D A Z Ö S Z U O X E
O W C C S M D R G R T R N N L P
B O R E E D I P J D I B R M E T
E H I V N Z W O L A E R F F D E
R F E B R U A R I G A D E R F M
E C D N E V E O R A A A M K D B
D M Å N D A G X P D Y D K Y J E
N J A N U A R I A S L E S V E R
E N H F H I V P D N B C Z R J A
L E V B V Y I H Z O G W I Z O M
A H N O V E M B E R Y T A D C T
K G G I O Y X T A Y E P K I O U
```

APRIL   NOVEMBER
AUGUSTI   OKTOBER
KALENDER   LÖRDAG
FEBRUARI   SEPTEMBER
FREDAG   SÖNDAG
JANUARI   TORSDAG
JULI   TISDAG
MARS   ONSDAG
MÅNDAG   VECKA
MÅNAD   ÅR

8 - Energy

```
F S I C R D M U M T T A T E F
F F A R G Z V E B A V O C U L Ö
T B U G M F H Ä U Å N X P R E R
M O T O R I P O R T N E C B K O
B I N D U S T R I M T G R I T R
A Y O L K O L U D D E B A N R E
T B R D B E N S I N X R B J I N
T E T N I B I E T O F Ä Y A S I
E X K I G E S N P A O N N P K N
R X E V H T S G A M T S R R S G
I M L F O Ä M E J I O L Ö N D M
N I E H H V Z H L L N E F Y W L
E V U R Z W M Z Z J K D U P T H
C M R S Z X R J C Ö J H C T Y G
K Ä R N K R A F T D R X U E X F
T P L R N U M W R A K W E F K M
```

BATTERI
KOL
DIESEL
ELEKTRISK
ELEKTRON
ENTROPI
MILJÖ
BRÄNSLE
BENSIN
VÄRME

VÄTE
INDUSTRI
MOTOR
KÄRNKRAFT
FOTON
FÖRORENING
FÖRNYBAR
ÅNGA
TURBIN
VIND

9 - Archeology

```
V L K O P D C Z E R A K S R O F
C E E U K S P X W B R N C G P K
T P R O B Ä A H N A E E A N G H
E U A A R O N F X E G B A L G B
W W M P O U N D F T N B M T Y T
C Y I R F O M U I R E T S Y M S
Ä X K I C B S X B F K X O M G V
T M Ö L G J T G E Y I K P L V F
T F U B B E J S F J T M U E A Z
L R B Z F K V Y I E N N M J R X
I A X C O T N D R M A E T N G T
N G E D S R E L I K B H N K G L
G M K O S Y I S L X D Y B T N C
C E N O I T A S I L I V I C W V
U N F M L E P M E T U J D M V C
V T U T V Ä R D E R I N G G V F
```

ANALYS
ANTIKEN
BEN
CIVILISATION
ÄTTLING
ERA
UTVÄRDERING
EXPERT
GLÖMT
FOSSIL

FRAGMENT
MYSTERIUM
OBJEKT
KERAMIK
RELIK
FORSKARE
TEAM
TEMPEL
GRAV
OKÄND

10 - Food #2

```
K E I X N Y Y X S G Ä L Z D B L
V S F D G E L L E E P X H S K J
R E X Y O J O V L W P E P N Y Ä
I L O C C O R B L G L M R W C G
U F J Y H B D A E H E O G G K G
U G O G O A A K R M P O V G L P
Ä G G L K S R N I W I K O I I L
O Y R E L N Ä I A T O M A T N A
V O S T A M B K S N I S V A G N
Z E V B D N S S C O L V U V Z T
G G T R Z P R A O Z Z A R A F A
C X U E G A Ö R W A K M D M G I
M U H S J F K S I F A P S T W H
K R O N Ä R T S K O C K A E I M
V G Y B Y O G H U R T C R C D J
K N C N O O L I F A M V I X G K
```

ÄPPLE
KRONÄRTSKOCKA
BANAN
BROCCOLI
SELLERI
OST
KÖRSBÄR
KYCKLING
CHOKLAD
ÄGG

ÄGGPLANTA
FISK
DRUVA
SKINKA
KIWI
SVAMP
RIS
TOMAT
VETE
YOGHURT

11 - Chemistry

```
A T B S E D I M V S K T J K K Y
O E U A Y V Ä R M E A T F O M X
S M N G B R P F W U T L A S N O
G P S D J P A E T R A O N B V R
C E V Ä T S K A F O L K W H E G
K R B M D M P E F M Y M H T Y A
L A E K C J B B L X S V Ä T E N
M T N O R T K E L E A O X F W I
O U Z R N I S Z N B T K S A X S
L R Y H C Y I L M I O C M R T K
E A M O T A L Y S P R H A K T W
K V I K T X A K M U P M X N P K
Y S Y E C E K F E Y C K N R N V
L F Y R S R L P J J Z L N Ä T Y
T X N R U A A M A V W O K K M E
E A A X E N B L T T L R Z N G H
```

SYRA
ALKALISK
ATOM
KOL
KATALYSATOR
KLOR
ELEKTRON
ENZYM
GAS
VÄRME

VÄTE
JON
VÄTSKA
MOLEKYL
KÄRNKRAFT
ORGANISK
SYRE
SALT
TEMPERATUR
VIKT

12 - Music

```
P V F W K S I L A K I S U M M I
S X J J L L D N J G L Å G U R N
V A L F M O A J Z A G N U J S S
L I D S H P L S M P N G B E L P
T M S L U T L P S I Å A X K M E
V C A L E J A O E I S R B L I L
M P C E A N B E Y A S E F E K N
R Y T M I S K T R M I K E K R I
E Ö P U N T N I B R W P H T O N
K Y K B O D V S D R Y R S I F G
I R Z L M W Z K O N O T K S O W
S K H A R F B G O D A N M K N O
U A F U A V F W P M E L O D I C
M G J U H O I B E J S O R K L H
D O L Y R I S K R G M T M V N F
T K S I N O M R A H N H U O G X
```

ALBUM
BALLAD
KÖR
KLASSISK
EKLEKTISK
HARMONISK
HARMONI
LYRISK
MELODI
MIKROFON

MUSIKALISK
MUSIKER
OPERA
POETISK
INSPELNING
RYTM
RYTMISK
SJUNGA
SÅNGARE
SÅNG

13 - Family

```
Z B B C H I P G A K Z X M C F G
K P I A K D Y T B W I O A E Ö Z
L F O M R O R B R A F J G S R E
T O P A I N O S R O R B D Y F L
O E J K Z S B S Y S T E R S A J
K Z U E F D V A P F A R Y K D Y
P R C B I A S N R E D O M O E J
I T E H P G R I I N B R Y N R A
D O T T E R M F C W A B W B H B
Y T X Z S A D A A Z R C T A I A
G R U D X O X T E R N G G R D R
M Y M U R X M A L S D E U N A N
O K U S I N O F A D E R L I G D
R M L S B V R O M R O M F R U O
X N V W L P P I R V O S T N U M
W F E T V Y F D S E L U O N D G
```

FÖRFADER	MORMOR
MOSTER	MAKE
BROR	MODERNS
BARN	MOR
BARNDOM	BRORSON
KUSIN	SYSKONBARN
DOTTER	FADERLIG
FAR	SYSTER
BARNBARN	FARBROR
FARFAR	FRU

14 - Farm #1

```
S X O V C D I H N V T Å K G V J
S T G C Z T B U F Y O S Y V S C
S G A M D T S N V K I N C I S J
T O K K W I F D T V L A K L E G
X K Å T E G Ä A P U T A L D V B
V Y R L I T L E S D Ö G I X X T
H E K I F G T U H U P J N Ö R F
R U T W V G H H K A T T G H P Y
B I S O N O X E Ö D J O N Ä T A
S W I Y D V I V U M C S U S B V
J O R D B R U K A J R B N T S H
D H P D J K J A H T I U O Z M P
J I T A R Y Z F G E T Y H K I S
D C W L K F M A E E M E J O R X
Y V D B I B W A T P Z E N W K F
G C L S Y C G G V H H K U T V L
```

JORDBRUK
BI
BISONOXE
KALV
KATT
KYCKLING
KO
KRÅKA
HUND
ÅSNA

STAKET
GÖDSEL
FÄLT
GET
HÖ
HONUNG
HÄST
RIS
FRÖN
VATTEN

15 - Camping

D	J	U	R	R	Z	I	F	S	A	Ö	J	S	W	S	P
E	T	U	X	Y	O	F	W	J	K	L	V	K	W	G	S
D	R	K	J	T	I	L	P	I	B	K	M	O	Y	T	E
P	J	F	H	N	S	J	I	R	O	S	B	G	O	Ä	B
T	S	I	Ä	E	P	E	R	G	N	S	V	U	T	L	C
I	T	R	N	V	G	N	L	N	T	A	G	X	R	T	D
G	U	L	G	Ä	D	Å	U	D	K	P	T	X	Ä	K	F
R	G	F	M	I	U	M	Z	L	E	M	T	U	D	A	C
C	A	T	A	R	Y	B	V	J	S	O	A	O	R	J	B
U	T	N	T	O	N	A	K	Z	N	K	H	S	P	T	E
W	R	C	T	F	Y	H	P	U	I	M	W	K	Y	F	R
I	A	E	A	I	S	M	V	H	S	A	K	A	D	L	G
E	K	I	J	F	C	S	C	D	D	H	N	H	Y	R	P
R	Z	I	G	W	K	A	H	F	C	T	O	K	J	T	Z
E	T	E	C	E	K	B	B	R	L	T	F	B	J	K	N
B	V	T	K	Y	S	D	F	V	F	I	P	V	U	V	O

ÄVENTYR
DJUR
STUGA
KANOT
KOMPASS
ELD
SKOG
ROLIGT
HÄNGMATTA
HATT

JAKT
INSEKT
SJÖ
KARTA
MÅNE
BERG
NATUR
REP
TÄLT
TRÄD

16 - Algebra

```
H E E H P W K U F B R B L N G F
W O X S U B T R A K T I O N R Ö
T B H P R H N T R C X V H M T R
J R R N O I S I V I D W Y S I E
J J S E T N E R A P K M K N C N
I S O H K F E V A R I A B E L K
L L O N A A R N R I D R N G E L
O Ö Z V F R Ä A T E I G T K M A
Ä T S T X G J M K M N A S J R C
N E N N N D N N P S T O I L B O P
D L G I I I R L W I D Y H F N
L J N J J N L O A M T O H M O O
I R T L L V G B F J A K N B N M
G S I F F R A L S T V Y J Y L T
M A T R I S M E J K K W I V S J
I Z D U G O Y M F O E Z D A B R
```

DIAGRAM   LINJÄR
DIVISION   MATRIS
EKVATION   SIFFRA
EXPONENT   PARENTES
FAKTOR   PROBLEM
FALSK   FÖRENKLA
FORMEL   LÖSNING
FRAKTION   SUBTRAKTION
GRAF   VARIABEL
OÄNDLIG   NOLL

17 - Numbers

```
R M N J U F S L X S H J S X F S
J U D F O V N I O G U J T L J J
J M K V J K O O I N N L T S O U
U I V L Y G T L T C R X E S R T
Y O P D G G M N R T U U H U T T
U M Y J W M E D K S E V C V O O
A B S G V X F G X P D R M M N N
T V Å Y Å T T A G O E L T O P O
S S T S I J W R X C C Z Y T T T
E Y R B H V D Y J U I W M W G R
L R E D W A P F E L M N O B W A
F B A C B J F I C Z A I M O I N
F N C E Z Z N E M V L T F V H M
R X C F B R P H M Z L T K O I C
S J U A T X A K T Y N O T X E S
P I N F T W B X M B A N T D H W
```

DECIMAL
ÅTTA
ARTON
FEMTON
FEM
FYRA
FJORTON
NIO
NITTON
ETT

SJU
SJUTTON
SEX
SEXTON
TIO
TRETTON
TRE
TOLV
TJUGO
TVÅ

18 - Spices

```
G X P U A V C R N L G K L Y E P
T Z K N D Z V M J N P T I G A S
G K S A N I S W E J L U P B Y M
M N H A K I L J E N D D Y R K A
P U A O L V Å U P O I J P T X K
R L S K T T K A R D E M U M M A
S Ö T K F U N V I T L Ö K S P R
V P W Ö O L Ä A W B B R B A A Ä
C C F L N T F V A N I L J F P F
K U H V R X C W E D J P C F R E
U M R E T T I B T Z T J T R I G
M S J R B K L A K R I T S A K N
M X B A Y A H L A O H I X N A I
I K X I Z N F B A O O T G M R W
N B N Y R E D N A I R O K K S Z
N T D Y H L O I Z V C V B N X M
```

ANIS
BITTER
KARDEMUMMA
KANEL
KRYDDNEJLIKA
KORIANDER
KUMMIN
CURRY
FÄNKÅL
SMAK
VITLÖK
INGEFÄRA
LAKRITS
MUSKOT
LÖK
PAPRIKA
SAFFRAN
SALT
SÖT
VANILJ

19 - Universe

```
B H N A K R D L S T T M H W D I
K R O H I M M E L S K Å I F J R
A E E R G X R L J C S N M S U S
J K J D I A L F K G I E M Y R C
T R H N D S L E Z G M V E N K K
R Ö R Å Z G O A I E S A L L R G
F M R T V O R N X U O S K I E Y
K E B S A F Ä A T M K T J G T D
P F C L G U F R D O E E M A S F
O M L O P P S B A N A R O E E S
K L G S G S O G H O H O D U N O
S W M E O N M D X R U I A D E L
E X O V M B T L R T V D K I B W
L T S U G S A V F S R R U E H T
E I M O N O R T S A Y S M J S W
T O L K V L A H G B T V U S Y Z
```

ASTEROID
ASTRONOM
ASTRONOMI
ATMOSFÄR
HIMMELSK
KOSMISK
MÖRKER
EON
GALAX
HALVKLOT

HORISONT
BREDDGRAD
MÅNE
OMLOPPSBANA
HIMMEL
SOL
SOLSTÅND
TELESKOP
SYNLIG
DJURKRETSEN

20 - Mammals

```
B Y A T C S E V E K H Y C W G D
T Ä U K S G L W S T V X N K I J
P P V O C K E B K B L S X J R E
X U G E H Ä F E N S R I G K A U
R Ä V G R N A R B E Z F A T F N
H B I J Å G N V X X X C C E F V
M Ä X D F U T K Z P P S I V S Z
R O S F S R Y M A L L I R O G Z
X K K T S U M X J N W H U N D K
A W D C Z V K G V M I Y J I T H
K K X Z G R A V O J L N T F Z S
V A L C Z S T B J Ö R N M L G V
I J D L E P T M S V F P A E M N
R M P R Ä R I E V A R G A D A V
R O A V F D T K K R J A P W W D
L E J O N A C G J E Y V A J R L
```

BJÖRN
BÄVER
TJUR
KATT
PRÄRIEVARG
HUND
DELFIN
ELEFANT
RÄV
GIRAFF

GORILLA
HÄST
KÄNGURU
LEJON
APA
KANIN
FÅR
VAL
VARG
ZEBRA

21 - Bees

```
F A B W E L N A G F C A B P C S
S M U W A K L G S R E T X Ä V V
O W I N N P O N Y U N C U M A Ä
E I M Y S V S E K I G W Y O R
Z S U A O T X N Y T W N W F F M
D R O T T N I N G S Y P S S M A
L R T A M A E N M K T R W E Z N
A P Å U A M M O L B E E I B K U
F O K G T N G O H N I C M I N T
G L G N D P V A X A F H G K S W
N L X U V Ä M Z Y D D M O U D U
Å E V N R D R O R Ö K U O P D D
M N Y O O O L T W O F U K A C R
Z D N H P O L L I N A T O R G Z
B L O M M O R L I V S M I L J Ö
V Ä L G Ö R A N D E A U Y V U X
```

VÄLGÖRANDE
BLOMMA
MÅNGFALD
EKOSYSTEM
BLOMMOR
MAT
FRUKT
TRÄDGÅRD
LIVSMILJÖ
BIKUPA

HONUNG
INSEKT
VÄXTER
POLLEN
POLLINATOR
DROTTNING
RÖK
SOL
SVÄRM
VAX

22 - Adventure

```
Y T I G E J A T C E C B I S O Y
Z E V Ä N N E R T E H R E K Ä S
Z D N P E U P S A B A J P B S X
I T E T I V I T K A N O Y M S J
T G H C U J S B W U S G G L N Y
X W J W M S U T M A N I N G A R
F S H I J H I S V Å R I G H E T
N A P D N T Z A E C E I Ä M M U
D A R U T A N K S H E F V O Ö F
V G I L N A V O C M P L S D J U
M B G N I R E G I V A N E A L T
I A Z A W G G L Ä D J E R E I F
W B A Y G K S K Ö N H E T P G L
Y Y F Ö R B E R E D E L S E H Y
N Y D E S T I N A T I O N V E K
I R C K P Z L R K Z Y W H I T T
```

AKTIVITET
SKÖNHET
MOD
UTMANINGAR
CHANS
FARLIG
DESTINATION
SVÅRIGHET
ENTUSIASM
UTFLYKT
VÄNNER
RESVÄG
GLÄDJE
NATUR
NAVIGERING
NY
MÖJLIGHET
FÖRBEREDELSE
SÄKERHET
OVANLIG

23 - Restaurant #2

```
K A K A Ä G G D A L L A S N C G
H S W S M T O R K R Y D D O R R
B J M L O W I Y W Z T A Z X Y Ö
A N A H V P A C N U D L A R C N
L Ä C K E R P K F L U N C H Z S
O G D Z Y T L A S R G F I S K A
T A V I M W L R N C U B J Z E K
S F S K I N O X C C X K R D N E
S F E R D E K S N X H K T O C R
U E R X D T I O N C O A A M F F
B L V V A T V K I W J P O W T K
N D I U G A J O T V N F W Y Y O
G L T D K V C C S U I Z L N C M
J D Ö P R H U J T N X S G K E Y
I E R A J M M M B M V C D J H E
R Y R R R N F A I R K I B K U T
```

DRYCK
KAKA
STOL
LÄCKER
MIDDAG
ÄGG
FISK
GAFFEL
FRUKT
IS
LUNCH
NUDLAR
SALLAD
SALT
SOPPA
KRYDDOR
SKED
GRÖNSAKER
SERVITÖR
VATTEN

24 - Geology

```
C B F I E Y K K O N T I N E N T
L Y U Z L U K R E L A R E N I M
A M K A T L V X I G Y B B P V X
V J Y L D K A Z L S M V G L R N
A O I I E F R R N E T S L A W R
S R J S T R T E O H A A F T N X
A D L S Y V S G I K H A L Å C P
L B U O G U U A S H L G R L H U
T Ä G F R L T L O O Z U K H E N
D V E L O K B P R T G L U E L R
D N J R T A A X E K A L C I U M
V I S R T N L K X S L X H E E H
F N E L A P D V S Y H I E O B S
I G R Y S T A L A K T I T I A Y
M W X W R Z Y P M O E Y J L V R
H I F O A R L H Z S D J Z L W A
```

SYRA
KALCIUM
GROTTA
KONTINENT
KORALL
KRISTALLER
CYKLER
JORDBÄVNING
EROSION
FOSSIL
GEJSER
LAVA
LAGER
MINERALER
PLATÅ
KVARTS
SALT
STALAKTIT
STEN
VULKAN

25 - House

K	A	N	E	A	W	O	G	G	Ä	V	S	D	N	I	V
H	K	U	T	V	U	R	A	A	K	B	T	R	Ö	S	G
C	U	A	Y	P	O	Y	R	R	R	N	J	Å	F	R	S
S	L	H	D	G	D	D	A	K	H	U	G	Ö	T	R
U	P	A	X	U	H	Y	I	G	T	U	M	D	N	H	D
D	G	E	S	I	P	S	N	E	P	P	Ö	Ä	S	P	G
W	F	W	G	I	B	F	E	M	S	S	A	R	T	A	N
P	S	J	M	E	Y	A	R	V	M	R	G	T	E	W	E
G	G	L	K	V	L	O	G	I	Y	E	I	P	R	T	S
U	D	B	I	B	L	I	O	T	E	K	Ö	K	A	T	G
P	Y	H	D	R	L	U	U	T	N	Y	C	K	L	A	R
S	D	T	A	S	A	D	E	S	T	A	K	E	T	A	Z
S	F	J	J	C	M	Z	C	G	S	L	U	X	K	E	A
M	Ö	B	E	L	P	Z	O	H	A	L	M	U	Y	Z	V
G	U	P	X	T	A	Z	I	P	V	L	Y	M	I	W	V
U	L	R	T	Z	E	T	O	A	K	Z	A	P	D	V	C

VIND
KVAST
GARDINER
DÖRR
STAKET
ÖPPEN SPIS
GOLV
MÖBEL
GARAGE
TRÄDGÅRD

NYCKLAR
KÖK
LAMPA
BIBLIOTEK
SPEGEL
TAK
RUM
DUSCH
VÄGG
FÖNSTER

26 - Physics

```
P M K A O S K F A R O E K M D H
M W L S K V Z R C E H X E O C A
M O L E K Y L E C L L P M T D S
O O T A J R V K E A G A I O E T
M E K A N I K V L T M N S R N I
D T A T F H C E E I G S K N S G
L L E M R O F N R V J I G S I H
C M L I L U M S A I R O A F T E
G A J E T X S R T T N S U E T T
H S U U S O I N I E E J A O T Z
J S R N I R T P O T F U M O B G
P A R T I K E L N O R T K E L E
R M F N Y A N V S W D R E D H U
W G F S M H G X I E D E Y N T R
K Ä R N K R A F T N T T M S B Y
N A E G X N M F J H U M B V Z D
```

ACCELERATION
ATOM
KAOS
KEMISK
DENSITET
ELEKTRON
MOTOR
EXPANSION
FORMEL
FREKVENS

GAS
MAGNETISM
MASSA
MEKANIK
MOLEKYL
KÄRNKRAFT
PARTIKEL
RELATIVITET
UNIVERSELL
HASTIGHET

27 - Dance

```
R K E G T R A D I T I O N E L L
E X L K L W X Y R W N M I X C X
P I M A E A P P O H V P Y W L R
E C B A S L D Å N V B G K B L J
T F D C L S A K A D E M I H L Y
I N Y K E N I F N C B M P J U P
T E K U R Ä F S B G Y R P G F F
I W D L Ö K A K K O S K O N S T
O P Z T R B R E A Y B D R I K D
N M A U U P G C Y C J D K N C B
Z I D R T P O O I W A V C L Y T
M L A E L L E U S I V E J L R P
T U K L U Z R E N T R A P Å T Y
Y I S L K E O O F V U Z K H T N
R I A I V Y K G U T L A W V U D
C A J R K R X M O F Z X P U N R
```

AKADEMI
KONST
KROPP
KOREOGRAFI
KLASSISK
KULTURELL
KULTUR
KÄNSLA
UTTRYCKSFULL
NÅD

GLAD
HOPPA
RÖRELSE
MUSIK
PARTNER
HÅLLNING
REPETITION
RYTM
TRADITIONELL
VISUELL

28 - Coffee

```
M T R K L F Y P G D V L X B S K
S Ä E S R E H I S L I P A I M O
T C N I E F F O K Z Z T V T A P
R T D G F K I Y J J V A Ä T K P
A C X T D G M G D R O V T E L O
F I L T E R B D G A W C S R F C
V D Z V D P B N G N C S K Z S T
G V D V N N J O U O U U A N V H
M C G O Z H I Z R G T R Y X A H
R O S T A D M L D R K S P K R I
E D D Ä R G E X T O A E S S T I
K C Y R D N F S D M X R R U R K
C F Y I S O V A T T E N O X M U
O M J Ö L K M R W D P K X M J X
S I R P L V O E C R V E V O I H
P Y C R K G B J G H U V X Y N T
```

SUR
AROM
DRYCK
BITTER
SVART
KOFFEIN
GRÄDDE
KOPP
FILTER
SMAK

SLIPA
VÄTSKA
MJÖLK
MORGON
URSPRUNG
PRIS
ROSTAD
SOCKER
MÄNGD
VATTEN

29 - Shapes

```
K A C Z V V D X U C K T O R G V
P O R V K B C G S V S W G R T J
R R S N A O G G K B Å G E P P N
W R I D R V X T O P D X H O M J
W Y X S U A S L N S H K U R K G
K M G K M L F S K U R V A C F O
G I O K U A Ä C P P O L Y G O N
B Z J T E B R R L I N J E S W M
G J S H R I K F E T L O J U P I
C I R K E L A P G R E L W R A O
U Y C E D J N Y N I B N E I Z Y
S I D A N L T R A A R I X Y H C
S C H J I W E A T N E P H Ö R N
B Z T A L W R M K G P L M R Z C
C Z W C Y P E I E E Y P C Z C O
B X A J C X C D R L H S O Y R B
```

BÅGE
CIRKEL
KON
HÖRN
KUB
KURVA
CYLINDER
KANTER
ELLIPS
HYPERBEL
LINJE
OVAL
POLYGON
PRISMA
PYRAMID
REKTANGEL
SIDA
SFÄR
TORG
TRIANGEL

30 - Scientific Disciplines

```
X V C W E K O L O G I N A B T H
B O T A N I K R I C G E R I E D
Z O O L O G I O J S O U K O R Z
B I O L O G I S P A L R E K M U
R P E D M W O W U S A O O E O Z
O L U A U G K M F T R L L M D U
F Y S I O L O G I R E O O I Y I
Y A M H A S F T I O N G G S N G
G S V N C N D F X N I I I F A O
I E H Y G M A I S O M B H G M L
H W O M H F W T H M Y G K B I O
Z L X L I G O L O I S E N I K N
I G O L O I C O S M F N C J G U
N M N W O G Z O B K I N A K E M
G F Y B U T I G O L O K Y S P M
L I N G V I S T I K K E M I V I
```

ANATOMI
ARKEOLOGI
ASTRONOMI
BIOKEMI
BIOLOGI
BOTANIK
KEMI
EKOLOGI
GEOLOGI
IMMUNOLOGI

KINESIOLOGI
LINGVISTIK
MEKANIK
MINERALOGI
NEUROLOGI
FYSIOLOGI
PSYKOLOGI
SOCIOLOGI
TERMODYNAMIK
ZOOLOGI

31 - Science

```
E Z L N E L M V R Z N G K Z J Y
R F C P X R Y O E D T R E J S A
E A D N P F I J L F H H M O T A
T E L N E D A T A E T G I L A F
X V O K R M M H R A K B S O M O
Ä O X A I U U F E L L Y K R I R
V L N K M T I B N L A Y L Z L S
X U L W E K R C I V N L Y E K K
H T T W N A O A M A K A V O R A
Y I Y R T F T P P R F Y S I K R
P O O E F S A O R G A N I S M E
O N W E J E R R T N F O S S I L
T Y S V P Y O I X L A L X N X A
E A X N B J B X X X J T A A C H
S M E T O D A G P Z F Y U J U C
J P Z L I Y L P T C S W Z R V S
```

ATOM
KEMISK
KLIMAT
DATA
EVOLUTION
EXPERIMENT
FAKTUM
FOSSIL
ALLVAR
HYPOTES

LABORATORIUM
METOD
MINERALER
MOLEKYLER
NATUR
ORGANISM
PARTIKLAR
FYSIK
VÄXTER
FORSKARE

32 - Beauty

```
X K F R I S D D G Z N J F L L U
H O M A S C A R A B S K O I R Z
U S S K N J M H R T L R T F O D
D M T C A Z M X N N I E O R J M
J E Y O G R Ä F W O K T G W L Z
Y T L L E H H A T I X K E E O T
G I I O L C H A R M O U N M P C
I K S W E I F M G H E D I C M S
B A T V A O Y G Z B K O S F A S
T C T J Ä N S T E R R R K C H M
N M E X Y K S T S A X P Y P C P
S F P R L R J F O P W P E G S I
B M J I B I Y T N A G E L E H X
T F I T S P P Ä L Å M Z T C N N
L S Z N Y S T P P F D W I N F L
Z P K T K U B E M G N J R X J K
```

CHARM
FÄRG
KOSMETIKA
LOCKAR
ELEGANS
ELEGANT
DOFT
NÅD
LÄPPSTIFT
SMINK

MASCARA
SPEGEL
OLJOR
FOTOGENISK
PRODUKTER
SAX
TJÄNSTER
SCHAMPO
HUD
STYLIST

33 - Clothes

```
H V P X J K S H K A Z F Z L R T
D A N P P P V X P X U X L F S R
H A T R O J K S J C P P F N M Ö
P E W T S O F K U D S L A H Y J
L Y C O A L U O U E F J B K C A
M K L Ä N N I N G F Z A Ä N K A
S O V U H K X G W W M C L O E R
A F D M P M I P G J S K T B N M
N H Z E D Ä L K R Ö F A E T K B
D O E U O M T V B G E V H B Y A
A B P F B F H I B M H B X V M N
L H A N D S K A R O X Y B K E D
E Y E J G U C L S E B V S Y Y I
R T F F H L O J K K J E A N S E
T U P F Y B T Y P T G Y Y L V P
P Ä L S A M A J Y P W J C L A O
```

FÖRKLÄDE
BÄLTE
BLUS
ARMBAND
PÄLS
KLÄNNING
MODE
HANDSKAR
HATT
JACKA

JEANS
SMYCKEN
PYJAMAS
BYXOR
SANDALER
HALSDUK
SKJORTA
SKO
KJOL
TRÖJA

34 - Ethics

```
F U V P Ä V I S D O M A O E T I
I I P Z H R P A L M J B U M Å N
N V L G K A L S N Ä K D E M L D
T Ä F O M M S I U R T L A I A I
E N E B S Y L K G Z O A L Y M V
G L P W B O Z U O H B P L W O I
R I E C P Y F C R N E U U Y D D
I G C E A Y B I T B W T F F S U
T H M Ä N S K L I G H E T E N A
E E T T I G R V R R L L K R A L
T T S U Y K F E K T N A E I R I
O P T I M I S M A O P R P M E S
S A M A R B E T E L R C S L L M
V Ä R D I G H E T C I A E I O D
V Ä L V I L L I G U Y S R G T G
D I P L O M A T I S K M M F C U
```

ALTRUISM
VÄLVILLIG
MEDKÄNSLA
SAMARBETE
VÄRDIGHET
DIPLOMATISK
ÄRLIGHET
MÄNSKLIGHETEN
INDIVIDUALISM
INTEGRITET

VÄNLIGHET
OPTIMISM
TÅLAMOD
FILOSOFI
REALISM
RIMLIG
RESPEKTFULL
TOLERANS
VISDOM

35 - Astronomy

```
S E V Z G W O K T R W Z F S K A
A S O L U B E N O C P F O T O S
T L D A H V F E I S T N Z R N T
E E J X M H M I K E M T L Å S R
L K U W E Y I Å X Y D O H L T O
L R R B R C R M N T M C S N E N
I Ö K M W W A W M E M Z N I L A
T M R C S O K R W E U A S N L U
L R E L K E E Y X A L A G G A T
C Ö T L A J T P L A N E T M T G
O F S X M O N O R T S A R E I W
H V E W A R U T F X P V O T O C
B G N G R D I O R E T S A E N R
D A G J Ä M N I N G Y T D O Y K
O B S E R V A T O R I U M R O E
Y N A L S U P E R N O V A Z D V
```

ASTEROID
ASTRONAUT
ASTRONOM
KONSTELLATION
KOSMOS
JORD
FÖRMÖRKELSE
DAGJÄMNING
GALAX
METEOR
MÅNE
NEBULOSA
OBSERVATORIUM
PLANET
STRÅLNING
RAKET
SATELLIT
HIMMEL
SUPERNOVA
DJURKRETSEN

36 - Health and Wellness #2

```
A O M A L J J S B V H E K O Å B
H P U G B J T S J L F M O Z T S
V P T N A U X F K U O W S P E M
G S M I G R E L L A K D T I R K
F W B N T N C D L E A D H G H M
Y I C K I T E N E G N J O J Ä F
M Z Z R F W A U X A A I I M M E
H X H O C Y D S B S T H F Y T N
Y L A T D U S D Z S O R O E N E
F B I T F R I S K A M L P D I R
T S V U U C I K O M I A I N N G
N S S C I V I T A M I N B N G I
H Y G I E N C Z K K A L O R I V
P Å F R E S T N I N G N I R Ä N
S J U K H U S I N F E K T I O N
G C Z L P C E O I V I K T C V A
```

ALLERGI
ANATOMI
APTIT
BLOD
KALORI
UTTORKNING
KOST
SJUKDOM
ENERGI
GENETIK

FRISKA
SJUKHUS
HYGIEN
INFEKTION
MASSAGE
NÄRING
ÅTERHÄMTNING
PÅFRESTNING
VITAMIN
VIKT

37 - Disease

```
P K S S A G T Z B L Y S O L B Y
U M I M S L G U P R I M H Ä Y E
L W I I L T L H N E R P Y N E B
M K K T Ä E O E P N R N A D O N
O V V T H B M T R E M D M R T O
N H K S I T E N E G P C N Y E I
E J W A N H X A O O I U T G G T
L Ä I M P S D E O T T E U G H A
L R D M Y D X O F A A L R E V M
S T V O M K R O P P P O Z N R M
X A W R I U I T Y L O S N J S A
F M P D X S N V T P R R B U K L
K R O N I S K I A J U S V A G F
E O N Y F P J M T C E X W Y F N
S P R S N I X V Y E N I V W E I
Ä R F T L I G R C U T F G K G R
```

BUK
ALLERGIER
KROPP
BEN
KRONISK
SMITTSAM
GENETISK
HÄLSA
HJÄRTA
ÄRFTLIG

IMMUNITET
INFLAMMATION
LÄNDRYGGEN
NEUROPATI
PATOGENER
PULMONELL
SYNDROM
TERAPI
SVAG

38 - Time

```
I J T N W M S N J L O K Y X D M
K D U W B Y I L Z K Y T G X A Å
K A A E V N C D I T M A R F G N
L K L G K B T S D W P D F N X A
O C F E R V Z V H A N U Y L G D
C E S D N O G R O M G M I N U T
K V T A Å D N A T T F A X P F T
A Y I R R L E P M C Ö I O E T L
W B M D T H Y R D M R N P A A H
Å R M N I Y W Y Z W E D O U E V
P R E U O R K L V M I B X E K C
E U G H N O Y C L D P F S A B G
N C S R D A G Å R L I G Y H L E
A U X Å E I K V M T I D I G V M
U B B T D O Y D S L W X Y K W J
S N A R T Z X I X O V O D S G Z
```

ÅRLIG
FÖRE
KALENDER
ÅRHUNDRADE
KLOCKA
DAG
ÅRTIONDE
TIDIG
FRAMTID
TIMME

MINUT
MÅNAD
MORGON
NATT
MIDDAG
NU
SNART
IDAG
VECKA
ÅR

39 - Buildings

```
T A P R H N V A N D R A R H E M
D W M U I R O T A R O B A L B H
O A T B N O R R W E T U C I H
B X I K A T I V W T G I V Z O J
S H Y X G S K S J A L P E P M S
E A N T N S S T O E P H P F U I
R V X E T Z V A R T L A D A S T
V N U T S C F R D Ä S A Y H E F
A T F I H M H D A L O O N M U A
T P X S S R G X S T O B D W M B
O S L R U D V C U T D A O O Z R
R L T E H N E G Ä L A W T X U I
I O N V K H O T E L L D B T X K
U T L I U P K V N T O K I Z I U
M T J N J M A T A F F Ä R O B Y
R Z X U S K O L A G U T S D N R
```

LÄGENHET
LADA
STUGA
SLOTT
BIO
AMBASSAD
FABRIK
SJUKHUS
VANDRARHEM
HOTELL

LABORATORIUM
MUSEUM
OBSERVATORIUM
SKOLA
STADION
MATAFFÄR
TÄLT
TEATER
TORN
UNIVERSITET

40 - Philanthropy

```
E H K H X Z E K Y G T T P G K U
B V I B K I A F H F W O G E O W
M Å L S E N B X J J U D E N N V
Y H O N T H F A X I Z C M E T I
N N R A B O Ö M W S Y D E R A D
G J O N S W R V H G T F N O K O
G E K I M D P I E R E E S S T N
A N S F P I F R A R H S K I E E
R Z I R P Z S K O C N X A T R R
D L N C H F R A U G E U P E M A
P M N G R U P P E R R A C T S L
P R Ä X D M H G Z D Ö A Y W J J
U T M A N I N G A R G K M I S S
Ä R L I G H E T X B L E D E M M
O F F E N T L I G T Ä U V T S U
H L N K U N G D O M V A I N A C
```

UTMANINGAR
VÄLGÖRENHET
BARN
GEMENSKAP
KONTAKTER
DONERA
FINANS
MEDEL
GENEROSITET
MÅL

GRUPPER
HISTORIA
ÄRLIGHET
UPPDRAG
BEHÖVER
MÄNNISKOR
PROGRAM
OFFENTLIG
UNGDOM

41 - Herbalism

```
L R S R F S H Z J V P T V L I H
B C M T X Ä V T K U E R I O X S
P I A N Y M N Ö R G R Ä T Z B C
N M K F C B U K Z R S D L R O E
A M M O L B J R Å N I G Ö T U L
R N G G H Z B G J L L Å K R R A
F O N A G E R O F P J R W C D V
F K S I T A M O R A A D V L U E
A B R M K U L I N A R I S K D N
S N O G A R D N R K B O O L C D
M S K N E R E M A I R Y G J S E
X Y X U E V I F H L E C K T L L
B L N M W W S N E I D E R G N I
J J I T A V V N T S M E J R A M
N T L C A T E D N A R Ö G L Ä V
M E K I S L S E H B I M R A D Z
```

AROMATISK
BASILIKA
VÄLGÖRANDE
KULINARISK
FÄNKÅL
SMAK
BLOMMA
TRÄDGÅRD
VITLÖK
GRÖN

INGREDIENS
LAVENDEL
MEJRAM
MYNTA
OREGANO
PERSILJA
VÄXT
ROSMARIN
SAFFRAN
DRAGON

42 - Vehicles

```
Z U I T E K A R B N R M D A B W
F R X G U E M U U Å O O Ä M U M
L E K Y C N C P X W T T C B S F
O T O G U U N W C W K O K U S P
T P C H J A O E A P A R M L D V
T O U B Å T U K L L R Y Y A M J
E K X T Z A B P M B T X L N L U
H I S N Z D V K J N A B E S A H
U L E T T Y K S F H J N W B S V
A E Y Z Y D D T L T R I A K T M
D H T I G I I V Y X Ä B V E B M
Y F V A H S D N G M F G A A I V
M Z B Z X Z K M P U N T J V L E
M K N F F I C D L Z J A M J A Z
B I L S J X F M A H U S V A G N
D W T V G C Y L N S K O T E R X
```

FLYGPLAN   FLOTTE
AMBULANS   RAKET
CYKEL   SKOTER
BÅT   SKYTTEL
BUSS   UBÅT
BIL   TUNNELBANA
HUSVAGN   TAXI
FÄRJA   DÄCK
HELIKOPTER   TRAKTOR
MOTOR   LASTBIL

43 - Flowers

```
T E C L A P O P O L L E U P W S
J F A T U X J Å T R I A T W B O
T T N Z O O O S U R K L F C U L
A O Ö P J L N K L N B I J S K R
M Z K S Z D A L P A A L D A E O
M A S K R O S I A P I O N É T S
O I N K K U P L N E L T I D T P
L R E L U R F J L X O W M K A M
B E S Ö R Y O A C O N Y S V G G
G M U V R F M N P M G C A G E Y
N U T E I V R T B L A T J I R S
I L L R Y M G I B L M X L M P G
R P G A R D E N I A A T K P K N
H I B I S K U S F V S D P J Y O
L A V E N D E L M Y S J H B H W
Z I A M F W X W M O J F A Y A T
```

BUKETT
RINGBLOMMA
KLÖVER
PÅSKLILJA
TUSENSKÖNA
MASKROS
GARDENIA
HIBISKUS
JASMIN
LAVENDEL

LILA
LILJA
MAGNOLIA
ORKIDÉ
PION
KRONBLAD
PLUMERIA
VALLMO
SOLROS
TULPAN

44 - Health and Wellness #1

```
B A K T E R I E P E Y L K H L M
B N G W T T S S L S M P G O Ä E
Z A K V O I E T M K V J G R K D
V V I X Y V V R E V R E N M A I
B I O M P L I U A U O I I O R C
E T K B P A R T V P B S L N E I
O K O L E D U K J B I A P E O N
Y A E G I N S A Y R C P P R Z U
R P D C I N E R G E X O O X M Z
H U N G E R I F B F F T K V Z Z
G I D U H Y S K H L G E V Z L G
I T J C R N N T B E W K A P U B
T Y Ö W C J Z R F X A T F W C A
B E H A N D L I N G O P N P A N
M U S K L E R Y U W T V G H Y U
W F X I C P E Z M J R H K N A R
```

AKTIV
BAKTERIE
BEN
KLINIK
LÄKARE
FRAKTUR
VANA
HÖJD
HORMONER
HUNGER

MEDICIN
MUSKLER
NERVER
APOTEK
REFLEX
AVKOPPLING
HUD
TERAPI
BEHANDLING
VIRUS

45 - Town

```
B T Y V U S W R Ä F F A T A M O
W O E Y B K I N I L K R O L R D
Y O K A P J W R C Y N G K O X I
R Z N H T E B D X G I A S K S P
R E A E A E E M R P T L R S Y Y
Y Z B O V N R I T L S P I S K I
G S J J F O D X D A N K R A M H
R Z U M T I G E R T A M L P I O
R H P O H D V A L S W V L O K T
S G M O R A W C L K A F É T P E
U L R S X T E A Z L K S X E P L
V X M U E S U M G G E Y F K E L
C L C F D K S M A L I R E G A B
A X T V L K E T O I L B I B I O
R W B Y L U N I V E R S I T E T
T O D T N P P X J W X Y X O A B
```

FLYGPLATS
BAGERI
BANK
BOKHANDEL
KAFÉ
BIO
KLINIK
GALLERI
HOTELL
BIBLIOTEK
MARKNAD
MUSEUM
APOTEK
SKOLA
STADION
LAGRA
MATAFFÄR
TEATER
UNIVERSITET
ZOO

46 - Antarctica

```
V N X A N H K Y L I J N K W E K
S E D N A R A V E B X O H V X C
M B T N E N I T N O K I U F N H
O Ö R E T E M P E R A T U R A Ö
G V E R N T O P O G R A F I L L
L L L R O S X M Z Y V R D N F H
N A A C I I K Z J V V G R W T E
U H R C T K E A I B A I G W W M
G A E R I K F T P Z I M B B Z F
U E N J D Ä Y Ö J L I M N R X O
X E I P E M R H D G I N E T S R
R U M G P L A E M I E G T Y O S
S N P V X K L N R O O Y T I T K
E M M I E G G C W U L H A C C A
I D O K L W Å Z R A C N V E G R
U Z U Y N R F G E O G R A F I E
```

VIK
FÅGLAR
MOLN
BEVARANDE
KONTINENT
MILJÖ
EXPEDITION
GEOGRAFI
GLACIÄRER
IS

ÖAR
MIGRATION
MINERALER
HALVÖ
FORSKARE
STENIG
VETENSKAPLIG
TEMPERATUR
TOPOGRAFI
VATTEN

47 - Ballet

```
K M K M U S K L E R A G D T L M
U O U O I N T E N S I T E T K X
M F N S M O R K E S T E R B O T
L Ä T S I P A E T H S W H P R S
E R F Ö T K O E C D E X C U E T
K D E I V N D S X W G N V B O I
T I O C M V Ä G I R Y T M L G L
I G N A L A O R M T V V S I R S
O H I R G W C E L E Ö E X K A Y
N E K G U S W D H I D R C I F Y
E T H J Z X Z Å D M G A O N I U
R O A N I R E L L A B S B K U Z
B M K K Z C I P U E M N F E T R
I Z J E Z U G P I M D A E T P F
K U F I R D K A V Ö W D P H D Y
U T T R Y C K S F U L L D M I K
```

APPLÅDER
KONSTNÄRLIG
PUBLIK
BALLERINA
KOREOGRAFI
KOMPOSITÖR
DANSARE
UTTRYCKSFULL
GEST
GRACIÖS

INTENSITET
LEKTIONER
MUSKLER
MUSIK
ORKESTER
ÖVA
RYTM
FÄRDIGHET
STIL
TEKNIK

48 - Fashion

```
R V S M Ö N S T E R E D Ä L K P
M F S P D Y R H P K K S D I W R
E O I P E U Q I T U O B E T C A
E L D E L T B E K V Ä M D S L K
L E R E N K S O R I G I N A L T
E T Ä E R T B H D P Y N E L H I
G D V F S N J L U S T D R A P S
A T S R A A K N Y D O H T C N K
N H I R E D O R B G K I D N G X
T H R K N A P P A R S B B V P B
F J P F H X L S I V A A W T L V
K S I T S I L A M I N I M E T K
G V U I X G T K D R E G V X Y E
A P L Y T P G M J A Y X L T G C
M Ä T N I N G A R M A V Y U V P
G M Y S M Y S S V V M G H R N T
```

PRISVÄRD
BOUTIQUE
KNAPPAR
KLÄDER
BEKVÄM
ELEGANT
BRODERI
DYR
TYG
SPETS

MÄTNINGAR
MINIMALISTISK
MODERN
BLYGSAM
ORIGINAL
MÖNSTER
PRAKTISK
STIL
TEXTUR
TREND

49 - Human Body

T	E	R	K	B	M	V	D	S	F	I	N	G	E	R	O
G	T	O	N	G	E	D	H	J	Ä	R	T	A	K	A	H
Y	A	F	Ä	S	K	N	W	F	M	E	E	W	Y	M	T
V	G	A	M	D	Ä	A	W	B	V	Z	T	K	K	T	W
L	R	E	X	R	K	H	T	U	R	N	J	J	N	H	S
D	E	U	T	M	V	V	W	T	S	R	M	Y	T	J	K
E	Z	Z	S	D	Y	F	F	J	W	I	U	R	V	Ä	C
J	A	C	S	I	N	V	W	I	W	J	N	Y	Y	R	A
A	S	X	O	Z	N	K	A	S	H	R	I	V	E	N	H
W	X	Y	R	U	W	X	N	W	Y	C	K	M	G	A	X
O	D	E	L	T	O	F	S	B	X	C	U	Z	Å	U	L
W	U	S	L	A	H	F	I	K	X	N	E	V	B	T	I
B	H	E	S	T	G	F	K	G	M	H	Ä	M	M	W	Y
L	Ä	P	P	A	R	Y	T	W	J	H	D	S	R	Y	V
L	Ö	R	A	V	P	B	E	H	B	L	O	D	A	P	D
H	P	U	S	F	U	O	X	H	U	V	U	D	E	K	H

FOTLED   HUVUD
BLOD   HJÄRTA
BEN   KÄKE
HJÄRNA   KNÄ
HAKA   LÄPPAR
ÖRA   MUN
ARMBÅGE   HALS
ANSIKTE   NÄSA
FINGER   AXEL
HAND   HUD

50 - Musical Instruments

```
K M B V J N C M M S G P S E V I
A V A B M I R A M L O I A M O M
B F H N H V Z D F A N P X U F Y
I O S L D A N U W G G I O N T V
F L Ö J T O R O J V N A F S S C
B L E S T E L P Y E Y N O P X B
X E H C E D P I A R P O N E A Y
H C W I N V S M N K T H I L I B
L Z G E I K X G U G N J R R Z M
S K F J R Z A L M R I K U U K S
E F D O A M M U R T T R B O J S
H Z Z H L O I F R T F B M B F A
K X I S K D Z E A O N A A O K D
T R O M B O N X T G V N T E H R
G H Y F V H F O I A X J S M J N
O L I I I M W S G F G O W R C I
```

BANJO
FAGOTT
CELLO
KLARINETT
TRUMMA
FLÖJT
GONG
GITARR
MUNSPEL
HARPA

MANDOLIN
MARIMBA
OBOE
SLAGVERK
PIANO
SAXOFON
TAMBURIN
TROMBON
TRUMPET
FIOL

51 - Fruit

```
M D B O D V E E H M M M K I V M
S R Ä B H A L L O N N A N A B E
J U Ä D B N P Y D W O U N U E L
G V U B V T E X I H R V K G N O
G A W M S H N I R A T K E N O N
V V K L P R R W G V I H L O R Y
Z A O G E I Ö I H K C E P K Ä P
K U K P X W A K I S R E P I P A
M G O A A O G K N T G Z Ä F F P
W D S V P P S G X V E V H N L A
B D A O X J R Y K P K M I J D Y
W W N K J O S I Z P A E X Y G A
T F A A J L X W K X U H P S E D
M H N D A T X P X O O O F G T G
L C A O V N G X F G S L C P B E
P C Y K L G H E M G P Y P D K F
```

ÄPPLE
APRIKOS
AVOKADO
BANAN
BÄR
KÖRSBÄR
KOKOS
FIKON
DRUVA
GUAVA

KIWI
CITRON
MANGO
MELON
NEKTARIN
PAPAYA
PERSIKA
PÄRON
ANANAS
HALLON

52 - Virtues #1

```
B V O A G U S X K A R L H F D L
R I K S I T K A R P O P J A T E
K E C I L N E K I F Y N Ä N H N
D L N W O E M N T O G D L T E O
A I W C R G I M R A H C P A N D
R E K Ä S I A L B Z Y C S S F K
E F M K O L K V H L W D A I B O
N L A P C L O V G V O I M F L N
O B E R O E N D E Ö K H V U Y S
I J C F B T Z G J D R V D L G T
S W S S P N M E C O K A B L S N
S O B I G I L T I L Å P N C A Ä
A G E N E R Ö S J V Z W W D M R
P E F F E K T I V U R C R I E L
H V L L B V P A T I E N T D W I
H G S T O Z H Z Z A K N B H F G
```

KONSTNÄRLIG
CHARMIG
REN
SÄKER
NYFIKEN
AVGÖRANDE
EFFEKTIV
ROLIG
GENERÖS
BRA

HJÄLPSAM
FANTASIFULL
OBEROENDE
INTELLIGENT
BLYGSAM
PASSIONERAD
PATIENT
PRAKTISK
PÅLITLIG
KLOK

53 - Engineering

```
B S O A G N I N V I R D M A R F
D E T T Z H C C Ä C K C K A E D
S H R A K A P S T X L W O K U I
Y D E Ä B P A K S D E R N E H S
M Z T I K I G G K S S D S S U T
O L E X A N L N A K E I T J H R
T U M E C I I R X I A R V W I
O W A G V K G N T L D G U F U B
R B I J Y S R T G E K R K Z E U
Z S D D F A E Ä I K T A T I K T
S T D S J M N M W N H M I Z L I
G Y V M J U E V W I M A O W U O
K R X H P S P L C V N D N D F N
S K S T R U K T U R I I N B V B
Z A M V H K J J G H W D Z J Z C
T D M F B W Y P S W N A X A V N
```

VINKEL
AXEL
BERÄKNING
KONSTRUKTION
DJUP
DIAGRAM
DIAMETER
DIESEL
DISTRIBUTION
ENERGI

REDSKAP
SPAKAR
VÄTSKA
MASKIN
MÄTNING
MOTOR
FRAMDRIVNING
STABILITET
STYRKA
STRUKTUR

54 - Kitchen

```
K Y T L H N Z X O B O W X S F W
K R G V C P U K X S U S S L Ö K
N A Y R S E R V E T T R R E R J
I N G D I E R K L A A R K V K F
V N H W D L Å K S M E G A K L G
A I P I H O L I V D B K S L Ä A
R P M A V S R K Y L S K Å P D F
T T P E C E R I W M Y T I N E F
U Ä F Z T V R O T O R U G N H L
C H E A Y U W D R K F R Y Y K A
P F U W D K V H N S N O S T W R
V B J A G A K O P P A R K K G S
V A T T E N K O K A R E E N F V
P W O L K N Z Z J X J D D L O S
B P J I L A F T B A N J A P R H
U L O C V K U E T N X M R L R K
```

FÖRKLÄDE   VATTENKOKARE
SKÅL   KNIVAR
ÄTPINNAR   SLEV
KOPPAR   SERVETT
MAT   UGN
GAFFLAR   RECEPT
FRYS   KYLSKÅP
GRILL   KRYDDOR
BURK   SVAMP
KANNA   SKEDAR

55 - Government

```
K I T I L O P X F G B F R D J R
Z O S L R R E T K K F R C I Ä Ä
R G N W E F J E E F A D Y S M T
P A K S R A G R O B D E M K L T
R L C F T N E M U N O M J U I V
V V I R K I F R I H E T B S K I
D H V E I M T X Y T N J K S H S
M I I D R L D U V W S A X I E A
N T L L T E S W T K B Z C O T R
Y A A I S D V H A I G G B N V Ä
S R T G I A E D N E O R E B O T
Y K S I D R B C A G D N S M S T
M O P T O E P S R S G L A F R S
B M H A A N Y J T H J C S T N L
O E Y B W T A Y S C I D K R D I
L D W L J T H B H D R N W Y B G
```

MEDBORGARSKAP
CIVIL
KONSTITUTION
DEMOKRATI
DISKUSSION
DISTRIKT
JÄMLIKHET
OBEROENDE
RÄTTSLIG
RÄTTVISA

LAG
LEDARE
FRIHET
MONUMENT
NATION
FREDLIG
POLITIK
TAL
STAT
SYMBOL

56 - Art Supplies

```
K F A L Y R K A G Y K A B V V A
I R A I L F F A T S G R M V U C
N B E M A Z T X J T S F S V A Y
I J K A R E L I H A L Ä A Y W O
T D W L T Y I T Z A M R P Z A J
R F É Y S I L I M M U G D D U S
Ä Ä Y E D V V B O R S T A R Z R
K R T W R V T I G W M Z M H O P
O G P A P P E R T K C Ä L B N Y
L E K C E J F V D E A M X K Y W
I R D X T T X W D B T M N W H O
J A K V A R E L L E R I E L T A
U V L P A D R O N N E P T R N B
U D O Y U I T L O T S E T G A U
J T V G Y N X J V K O R A A H D
R T A B E L L A C A Y C V F I A
```

AKRYL
BORSTAR
KAMERA
STOL
TRÄKOL
LERA
FÄRGER
KREATIVITET
STAFFLI
SUDDGUMMI

LIM
IDÉER
BLÄCK
OLJA
FÄRG
PAPPER
PENNOR
TABELL
VATTEN
AKVARELLER

57 - Science Fiction

```
Y Z P G I R L I P O T U N S B H
C L A D V O O Z L W J F F W X O
W K T U I B G P D L F Y Z D C X
W O F P Z O H H W R U K A A O L
U C L X Y T K D R E T S S D G C
I J A I S A F H A I B T I A W A
C A N M W R W L T L K I O O N G
J D C Z A P K E O A H J O N N A
Y V K Z B P L K M K I N K E T L
O Z R Ä N I G A M I K Z G G M A
B Ö C K E R S R N M S U M L S X
E X P L O S I O N E I E X B C H
F A N T A S T I S K T L I D J K
D Y S T O P I H F R S D L R Ä V
T E X T R E M T D I Y J B T O Z
P P T R O G E N A H M K K F N K
```

ATOM
BÖCKER
KEMIKALIER
BIO
DYSTOPI
EXPLOSION
EXTREM
FANTASTISK
ELD
TROGEN

GALAX
ILLUSION
IMAGINÄR
MYSTISK
ORAKEL
PLANET
ROBOTAR
TEKNIK
UTOPI
VÄRLD

58 - Geometry

```
D J Ö H H T E K V A T I O N C G
Z I R T E M M Y S L S E T Y D M
U X A I T C I R K E L S D T I G
B Z U M N J U C I G L J A A M B
E U M J E P V M G N E T E M E W
R R L Z M T K P O A L D S V N Z
Ä R V Z G X E I L I L A D W S O
K S N O E T M R L R A N M O I V
N V E N S Z E L T T R D X M O P
I V I E H K N C S Y A E U S N O
N Z I N V P G T B B P L R Y I A
G F C V K L L E T N O S I R O H
P E E B O E K O K S U P O M H A
D H G X J A L R E K V S U Z G G
N V V S E N A I D E M Y A A P V
S I F F R A V R U K A H B N P U
```

VINKEL
BERÄKNING
CIRKEL
KURVA
DIAMETER
DIMENSION
EKVATION
HÖJD
HORISONTELL
LOGIK

MASSA
MEDIAN
SIFFRA
PARALLELL
ANDEL
SEGMENT
YTA
SYMMETRI
TEORI
TRIANGEL

59 - Airplanes

```
C H P J W E Z T H E A G M P D Ä
P R O P E L L E R Ä I J G V Z V
T U R B U L E N S M R O T O M E
J K A S E H Ö J D D O K M C G N
R V O M F T M V I E T F O X M T
M G G N O L L A B S S J J M I Y
J N P T S H A D F I I C T X S R
P I L O T T I R Y G H V Ä T E T
C N P I X A R M G N I N D N A L
E T T P H A F U M H T I I E Y X
A T M O S F Ä R K E L S N Ä R B
T Ä X V S L F C E T L I C B U E
T S R I E U A U W O I U T E G E
T E T X A F Y G G P E O J F B B
J B X F Y T Z N H M Z V N N Y I
R I K T N I N G P E I K A F O P
```

ÄVENTYR
LUFT
ATMOSFÄR
BALLONG
KONSTRUKTION
BESÄTTNING
HÄRKOMST
DESIGN
RIKTNING
MOTOR

BRÄNSLE
HÖJD
HISTORIA
VÄTE
LANDNING
PILOT
PROPELLER
HIMMEL
TURBULENS

60 - Ocean

```
K H E W Z K K S I F X Y R P D D
X R A V R G G T H J R G C K A E
J Z A A S R H O V B B T G B W L
Y F K B N L P R E G L A W N I F
M R Ä L B L A M R U Å X K F A I
T Z R L J A B B A G V C W T A N
C I R W L R X O F V H R D E U I
J T D M Z O F N J K S I F N O T
T V H V S K Ö L D P A D D A U T
R J A P A B W A S B N N O M Z Å
T B P O O T E V E N S T S E U N
S A L T Z L T G O U O H T Y X G
O L H Y X R Z E H Y U G R J U W
S S U H F D X U N Y J C O Z T L
C E O A Z Y R T M A U X N Z O M
X B C J B L Ä C K F I S K O K I
```

ALGER
KORALL
KRABBA
DELFIN
ÅL
FISK
MANET
BLÄCKFISK
OSTRON
REV

SALT
TÅNG
HAJ
RÄKA
SVAMP
STORM
TIDVATTEN
TONFISK
SKÖLDPADDA
VAL

61 - Force and Gravity

```
M I U U P P T Ä C K T N C U P D
N A S N B T R Y C K F O R M N Y
A C G A I W K T F T K I V A A N
U N J N K V R Ö R E L S E X C A
I O U E I X E M S I D N Y E E M
U F A L S T B R S D L A C L N I
H G D X Y G U U S I H P S X T S
C E M D F T X D A E T X J N R K
E G E N S K A P E R L E I K U H
I J T H Y E G S N C N L N M M H
R P D G U F X J Z P T I D G F W
M Z C N Z F M E K A N I K F A C
C D R I T E F R I K T I O N O M
O M L O P P S B A N A M K Z W C
H A S T I G H E T A V S T Å N D
T M H Z B U V P S Z D N T V H J
```

AXEL
CENTRUM
UPPTÄCKT
AVSTÅND
DYNAMISK
EXPANSION
FRIKTION
EFFEKT
MAGNETISM
MAGNITUD
MEKANIK
RÖRELSE
OMLOPPSBANA
FYSIK
TRYCK
EGENSKAPER
HASTIGHET
TID
UNIVERSELL
VIKT

62 - Birds

```
S Å M Z F G P K A Y K R O T S S
V T J V I T K L J N A K I L E P
A N U O S M E G O G N I M A L F
N U I R I P O Å G I A V X Ö E J
A V X O T B M S E U R G C R G K
C W O U I S C E P R I N Ö N Å U
U U U O P J L L A J E I K K F R
O S W F A X C V P V F L V G Å Y
T Ä G G N N G O E N Å K P O P U
H K D Y K B S D Z M G C G D W D
K E A F A X P E M R E Y I D F Z
T R U D G N A K D Z L K G X X E
W Y Å L C K R E G Ä H Y Z O L V
Y B N K U Z V P I N G V I N W K
Y F C X A I G T I I D C X S S L
N O F Z S A N E S X M Y Y X A S
```

KANARIEFÅGEL
KYCKLING
KRÅKA
GÖK
ANKA
ÖRN
ÄGG
FLAMINGO
GÅS
MÅS

HÄGER
STRUTS
PAPEGOJA
PÅFÅGEL
PELIKAN
PINGVIN
SPARV
STORK
SVAN
TOUCAN

63 - Nutrition

```
K A L O R I E R L K F U O P M X
V D C O S B Z H M W D R T A J T
I Y G L K N Z S T K I V I F Z U
T R K B A L A N S E R A D S E N
A W A V M V R T O X I N V L K M
M N M V A B E G K R L M L R X A
I Ä S A U L N J L D I T B E U O
N R F N G N I N T L Ä M S T A M
I I J O Z P E T I T P A M A Y P
W N H R T R T D E D G A O R N R
B G Ä B K L O G O T N P N D H I
U S L W I N R Ä T L I G L Y N H
S Ä S E S T P L A R N B W H G H
I M A B Å E T V M M S B X L V B
N N L I S P X E U P Ä R E O R Z
Z E P J W W P N R O J Y O K J L
```

APTIT
BALANSERAD
BITTER
KALORIER
KOLHYDRATER
KOST
MATSMÄLTNING
ÄTLIG
JÄSNING
SMAK

VANOR
HÄLSA
FRISKA
NÄRINGSÄMNE
PROTEINER
KVALITET
SÅS
TOXIN
VITAMIN
VIKT

64 - Hiking

```
S K L I P P A K T R A G H D K O
C O J E Y R V W O Z O R L J L R
O K L F R E N B P Y H K S G I I
A B P A R K E R P D J U R N M E
O M J G U S D V M O D Y K I A N
W Y W B T I I I Ö M N A B P T T
S T E N A R U L T W A E I M P E
D L J G N L G D E N E T T A V R
S T Ö V L A R R X B O R R C T I
Y E S L E D E R E B R Ö F A R N
W C K R F R S V E B S T F J K G
Y K Y I W L V D U G L T I I S N
P J Y U T Z T R W G C Z G C N U
A Y O Z Y X P J B J I Z N F D T
F Y M K I U C G R B L R T H Y A
C Z I U D X E E B W A E T W A B
```

DJUR
STÖVLAR
CAMPING
KLIPPA
KLIMAT
GUIDE
RISKER
TUNG
KARTA
BERG

NATUR
ORIENTERING
PARKER
FÖRBEREDELSE
STENAR
TOPPMÖTE
SOL
TRÖTT
VATTEN
VILD

65 - Professions #1

```
I T G F A R G O T R A K U T S J
O E R U E D X Y R C B K F B J U
C N C F P N V L E F E M H P U V
S J Ö M A N M O N O R T S A K E
P W W D E I R E K I S U M S S L
Z S N A R R Ö T K A D E R K K E
H B Y D A N S A R E T E D R Ö R
H E H K K V C L Ä K A R E Ä T A
F T B L O D E O T I A A R D E R
F D O K M L V T Y V A G A D R E
I P Y X R Y O Y E T O Ä N A S L
F V D X Ö O G G U R T J Ä R K A
T Y D J R I K N A B I B R E A E
A M B A S S A D Ö R U N T W Y F
I M X F D G E O L O G H Ä P X F
P I A N I S T N J E F Y Y R V Z
```

AMBASSADÖR
ASTRONOM
ADVOKAT
BANKIR
KARTOGRAF
TRÄNARE
DANSARE
LÄKARE
REDAKTÖR
GEOLOG

JÄGARE
JUVELERARE
MUSIKER
SJUKSKÖTERSKA
PIANIST
RÖRMOKARE
PSYKOLOG
SJÖMAN
SKRÄDDARE
VETERINÄR

66 - Barbecues

```
V P B V J W T I M U X V C S K G
R J S A L T O M A A E Ä V A Y A
M A B W I D M E S Z T N P L C F
W D F F M C A K T V Y N P L K F
K Z M H A G T V X B F E Z A L L
V V M J F F E A D P A R F D I A
J R G M F F R R N N E R R E N R
G R I L L K H M E S V N N R G E
F R U K T S N N B V C A H E A G
M T Y C N O M I A C Y K C K D N
L M F O F B U G V D Y M Z A D U
P N P L E P S W O A S Å S S I H
J P Z N T S I E V M R N N N M E
F P Z S R Z K Z Y J O O W Ö J B
I E P J H Y G W M Z Z B V R T K
S O M M A R R R C P E Y S G P N
```

KYCKLING
BARN
MIDDAG
FAMILJ
MAT
GAFFLAR
VÄNNER
FRUKT
SPEL
GRILL

VARM
HUNGER
KNIVAR
MUSIK
SALLADER
SALT
SÅS
SOMMAR
TOMATER
GRÖNSAKER

67 - Vegetables

```
F O U M I F M R B R O C C O L I
K Ö L N E T T O L A H C S Z A C
B I L C I D B C R R V O X S J Y
R O V A H X K E D O C J G L R E
R D G A D U I O O O T A M O T L
Ä A K C O K S T R Ä N O R K U Ö
D T Ö G H O H E Y F G K F J E K
I R L K N L A J L I S R E P J G
S Ä T A N E P S Å L B H W W J D
A W I O Z W M E K Y E P U M P A
N F V T O Z K T M N C R J L L L
G M N K J W H A O N U N I S G L
C U O U T G B X L H S N H V B A
W F R R T P D P B V Z U P A L S
N Z K K Z I N G E F Ä R A M H M
X T W E A T N A L P G G Ä P U A
```

KRONÄRTSKOCKA   LÖK
BROCCOLI   PERSILJA
MOROT   ÄRTA
BLOMKÅL   PUMPA
SELLERI   RÄDISA
GURKA   SALLAD
ÄGGPLANTA   SCHALOTTENLÖK
VITLÖK   SPENAT
INGEFÄRA   TOMAT
SVAMP   ROVA

68 - The Media

```
N C I J P H U T B I L D N I N G
G G N O I T A K I N U M M O K N
T Z D A L P P O K P P U U T Z I
G G U D I S F K G N M I T I J R
I U S L J V H O A Ä A N G D H E
L A T I G I D M N T V T Å N R I
T X R K I U S M N V Z E V I T S
N R I S I R Y E O E X L A N O N
E A T N W S S R N R R L R G K A
F D P E B G Å S S K H E U A V N
F I R E D Y T I T T A K D R I I
O O L P J W L E N C P T O L N F
J S X O L C S L D A X U Z E I J
X P M V K N L L U O F E W P C B
F A K T A A B U K F C L J E S K
G P G B U U L O V G L L X Z N H
```

ANNONS
ATTITYDER
KOMMERSIELL
KOMMUNIKATION
DIGITAL
UTGÅVA
UTBILDNING
FAKTA
FINANSIERING
BILDER
ENSKILD
INDUSTRI
INTELLEKTUELL
LOKAL
NÄTVERK
TIDNINGAR
UPPKOPPLAD
ÅSIKT
OFFENTLIG
RADIO

69 - Boats

```
H O Y O D F P K I B N K A N O T
A K A J A K T Z O C Y V J A H H
V A A V K K S N H A H M R M H C
U T F O C O Z T C A L A Ä Ö P A
N D L G O D G D F O Z I F J R Y
F H O R D L O C E V H C V S H T
A S T N A U T I S K M F S B P R
S W T L W X I V F R O H V X Å O
E N E T T A V D I T B Y C S X T
G R Y M L T A L X T O H O U C O
E F A R E P H X C Ö J S T S A M
L U L K B E S Ä T T N I N G Z M
B U M O N R J N M A M H B A L N
Å C D V D A L W W H M M O Y N N
T P N Z Z C N Y S G M N I Z P K
B V I T X N D B P V C U R A H H
```

ANKARE
BOJ
KANOT
BESÄTTNING
DOCKA
MOTOR
FÄRJA
KAJAK
SJÖ
LIVBÅT

MAST
NAUTISK
FLOTTE
FLOD
REP
SEGELBÅT
SJÖMAN
HAV
TIDVATTEN
YACHT

70 - Driving

```
A D G Z J Y K F J K T Y W E K P
H A S T I G H E T E R A R Ö F I
C R N O T N P P E Z A K H S F P
P A A K C Y L O S N F L W H L K
M F D L J F A G L F I V O M B O
Y O A U M J S E P I K X B M R X
C P T G C N T R D M S N E C I L
S C R O D B B G Ä V K B L B J T
A Ä A R R Z I A B A V I S O O U
O J K H A C L S X I P L N T U N
P F B E N G Y V V C J C Ä A G N
C V O G R F W K E X Z A R M M E
T R D A O H B O E P S N B Z V L
B N R R T A E P F L M O R M Z J
N D D A O B G T B R O M S A R X
Z H I G M F O T G Ä N G A R E U
```

OLYCKA
BROMSAR
BIL
FARA
FÖRARE
BRÄNSLE
GARAGE
GAS
LICENS
KARTA

MOTOR
MOTORCYKEL
FOTGÄNGARE
POLIS
VÄG
SÄKERHET
HASTIGHET
TRAFIK
LASTBIL
TUNNEL

71 - Biology

```
A R N G N U D J K A R S E K E F
E E B Z E K Y D W U C Y W O V O
Y C B D R O N G P U C N U L O T
E Z O C V C S H S H W A F L L O
H M P M E M Z M Y Y G P F A U S
B J B E S S W A O S M S T G T Y
B M V R P B E V P S M B L E I N
G M G G Y B S G R N U D I N O T
P M Y B L O Z O O E L T O N E
B A K T E R I E T R A Z P O S S
A N A T O M I F E V T K E A E N
O E H O R M O N I C I B R N O B
N A T U R L I G N E O E N Z Y M
K R O M O S O M R L N V F T A Y
L R W Y I P B C C L T P Y I Z F
E D K D Ä G G D J U R V C E L L
```

ANATOMI
BAKTERIE
CELL
KROMOSOM
KOLLAGEN
EMBRYO
ENZYM
EVOLUTION
HORMON
DÄGGDJUR

MUTATION
NATURLIG
NERV
NERVCELL
OSMOS
FOTOSYNTES
PROTEIN
REPTIL
SYMBIOS
SYNAPS

72 - Professions #2

```
A A P W X W T P P E F X Z W D I
L Ä R A R E W A E I K V P P E N
F O R S K A R E N V L P Z S T G
P Z W R L B R P E D N O B H E E
U P P F I N N A R E L C T U K N
I K E J O P Y V C M L Ä T U T J
L B G O L O O Z F V S Y K W I Ö
L A R U C N L Ä K A R E H A V R
U E I R A K E T O I L B I B R G
S R B N N W N M F J M N L V Z E
T A F A R G O T O F O S O L I F
R L A L C O R X R V Y A C R H C
A Å P I C L T U A N O R T S A T
T M O S R O M A R A R S O T Z Y
Ö O W T S I V G N I L B Z U R A
R R E S F B I D M N K P E W V T
```

ASTRONAUT
BIOLOG
TANDLÄKARE
DETEKTIV
INGENJÖR
BONDE
ILLUSTRATÖR
UPPFINNARE
JOURNALIST
BIBLIOTEKARIE

LINGVIST
MÅLARE
FILOSOF
FOTOGRAF
LÄKARE
PILOT
FORSKARE
KIRURG
LÄRARE
ZOOLOG

73 - Emotions

```
G N I N K S A R R E V Ö L K T Y
N F M I L S K A E F Ä F Z E L N
M R H G I Z J L M R N C E L D M
W E W L T I K L I J L P E R A A
G D R C Ä T H Å Y I I N K Ä N S
U L W D L T E H M Ö G Ö Z K P K
V P Ä R P R T E M F H J J H P C
L W D D A R E N E G E D P V A A
S O R G J I H N A O T A L C L T
C K X M J E G I V D T S U E S A
R Ä D S L A I T D W Y T G Y V P
Y S M U L L A O S X E N I A F
J U M S V J A P W C S H J R U L
R I P T R O S M F U S P P K W A
P H I R B E J Y L W P P U L X U
A L P F R J L S N H M U B I T H
```

ILSKA
SALIGHET
LEDA
INNEHÅLL
GENERAD
UPPHETSAD
RÄDSLA
TACKSAM
GLÄDJE
VÄNLIGHET
KÄRLEK
FRED
AVSLAPPNAD
LÄTTNAD
SORG
NÖJD
ÖVERRASKNING
SYMPATI
ÖMHET
LUGN

74 - Mythology

```
S Z C V G N W E R A G I R K D H
Y K V D X U X A N Y R O D Z H I
X O A A X X D W J L C K N W L M
P D K P V D F O T X W D E V M M
V Ö U R A D E O M W U F G T S E
M D J X L N V A R E L S E R Y L
Å L S G J M D K B M V L L U L P
S I T Z D Ä H E L H J Ä L T E I
K G R W Y H S A I A E J V L D N
A H A N S F M G X U K X V U N T
T E V Z I F O R T S A T A K E W
Z T S G M O N S T E R H M Z E E
M S L U A R P D Ö D L I G E T W
O N U T R M U I J Y N S U J E G
N V X Y L F D Z T R O U W T B O
Z U M Z L A B Y R I N T R U Y N
```

ARKETYP
BETEENDE
TRO
SKAPANDE
VARELSE
KULTUR
GUDOM
KATASTROF
HIMMEL
HJÄLTE
ODÖDLIGHET
SVARTSJUKA
LABYRINT
LEGEND
BLIXT
MONSTER
DÖDLIG
HÄMND
ÅSKA
KRIGARE

75 - Agronomy

```
F Z O B M T I N R T P F U U M V
Ö B R E K A S N Ö R G P S Z U Ä
R I G R E N E W N E O B E S Y X
O V A E K O L O G I E G W X Y T
R A N I X M G C P N O I S O R E
E T I B G H Ö C S X S L D K M R
N T S M S X D D O E J T M U W H
I E K M F T S F P F U N I R T V
N N W T H C E G S E K A L B X S
G E O D S Z L M A T D L J D Ä A
V E T E N S K A P Z O T Ö R V B
P R O D U K T I O N M C T O L T
S Y S T E M Y E X L A O L J L W
N S H J L Y J D G N R O M R I J
F R Ö N T P T A E C W D E Z T X
H E B Z I G B S G V F J A X L E
```

JORDBRUK
SJUKDOMAR
EKOLOGI
ENERGI
MILJÖ
EROSION
GÖDSEL
MAT
TILLVÄXT
ORGANISK

VÄXTER
FÖRORENING
PRODUKTION
LANTLIG
VETENSKAP
FRÖN
STUDIE
SYSTEM
GRÖNSAKER
VATTEN

76 - Hair Types

```
E Z L C L A G V E E X T A I T T
M O H R M Y P T B Z N U X P F J
B R U N M J G N F L I N M P W O
V D A G R Ä F Y L L Z N C Z V C
L X M K I R B K G J S V A R T K
V I E U C B X F O L U X R U H N
I H W J S O A G L L O C K I G T
T H M M K N L C B Ä K I G A I E
L Å N G A K S I R F T O E H G M
V R M J L F L Ä T A D O R M Å E
Y G W K L F T N C X N O R T V R
R G O V I Y M B Z G O B O V A W
O B L S G V H B I K L V T V S W
S K I N A N D E Z U B N Y I N Z
B W S G A S A R N P F A Y A M Z
R U K P T M N C S F Y P X D H D
```

SKALLIG   GRÅ
SVART   FRISKA
BLOND   LÅNG
FLÄTAD   SKINANDE
FLÄTOR   KORT
BRUN   MJUK
FÄRGAD   TJOCK
LOCKAR   TUNN
LOCKIGT   VÅGIG
TORR   VIT

77 - Garden

```
T X U S T A C E S S L A N G U V
F E G A R A G E K T G F S I K E
R K R U B R S A N G A O P N D R
U S Ä R G R Ä F S A M K R S X A
K U A H A H I G Ä Y M T E S X N
T B H W Ä S W Y R G O B T T M D
T V E M S N S T G D L B Ä N K A
R I S D X I G Y O P B U K H E S
Ä N D L P L O M D S K Y F F E L
D T R Ä D O M E A B K R Z V R F
G T W B B P A I C T Y H P R W C
Å G R Ä S M A T T A T D D C D P
R D M G G A C T Z D A A A S H L
D A S N D R Å G D Ä R T K E O N
I M N H K T M F V W P S A L I U
Z M S Y K V X X O I W I L N U J
```

BÄNK
BUSKE
STAKET
BLOMMA
GARAGE
TRÄDGÅRD
GRÄS
HÄNGMATTA
SLANG
GRÄSMATTA

FRUKTTRÄDGÅRD
DAMM
VERANDA
RÄFSA
SKYFFEL
TERRASS
TRAMPOLIN
TRÄD
VIN
OGRÄS

78 - Diplomacy

```
A M B A S S A D Ö R A E W S L K
H U M A N I T Ä R L A T F Ä G O
M E D B O R G E R L I G S K F N
E V N X R E R A G R O B D E M F
F T E T E B R A M A S G D R R L
Ö G I L S U F A T K V V G H Ä I
R C L K O D U H V S Z N I E T K
D X D I L L Ö S N I N G M T T T
R F A T U J F Z P T G Y B G V A
A D S I T S G V F A N D N J I I
G Z S L I I L X M I K Å D S N
A R A O O C T R V O R H P R A T
E B B P N Y R P Y L E Y B V F X
G E M E N S K A P P G X H Z G O
O R A W V L O B K I E D P G G M
N O I S S U K S I D R D N T T K
```

RÅDGIVARE
AMBASSADÖR
MEDBORGARE
MEDBORGERLIG
GEMENSKAP
KONFLIKT
SAMARBETE
DIPLOMATISK
DISKUSSION
AMBASSAD

ETIK
REGERING
HUMANITÄR
RÄTTVISA
POLITIK
RESOLUTION
SÄKERHET
LÖSNING
FÖRDRAG

79 - Countries #1

```
D P B X Y U U P T E H N E N C Z
C Y C F M L T A M G N W M L T Y
Y A L Y G P E N N Y O V Z D T L
A U F T I G P A S P N S C M V C
F W B D C B Y M V T H B P W Z J
I Y I L T B J A A E S P G C S P
N V K E G R O N U N H O L D D M
L M A A L K L T G V Z L G N N K
A A R R N E I L A T I E F A E L
N R I S E A X V R H D N T L I C
D O I I E D N A L K S Y T L L
B C R R N M Y A C H J J A T I I
N K P M A N T E I V P O A E S B
N O X U P F V E N E Z U E L A Y
B X O O S R U M Ä N I E N H R E
T H S E N E G A L K Y N Z J B N
```

BRASILIEN
KANADA
EGYPTEN
FINLAND
TYSKLAND
IRAK
ISRAEL
ITALIEN
LETTLAND
LIBYEN

MAROCKO
NICARAGUA
NORGE
PANAMA
POLEN
RUMÄNIEN
SENEGAL
SPANIEN
VENEZUELA
VIETNAM

80 - Adjectives #1

```
T A L A M B I T I Ö S J C D P F
E G F Y P J F Z M V M C O P M C
W K J B C P Z A U I M B Y Y P M
Ä K N N B K S A B S O L U T G M
R S F S K R L A T T R A K T I V
L I L Ö U Ö N I H Z W U S T L A
I T L R N M A S G N Å L I T R L
G A U E H A I M X K L D T M Ä L
U M F N A S L D E S H A O O N V
A O E E G P J K E W Y Y X D T A
X R D G K L J W F N Y E E E S R
N A R E N Ä W V J N T O V R N L
V F Ä K C J F X S U B I Z N O I
T K V S O H V I K T I G S P K G
O X A Y V H A O M E I G V K F F
B A X S K Ö N B X U I A B M K M
```

ABSOLUT
AMBITIÖS
AROMATISK
KONSTNÄRLIG
ATTRAKTIV
SKÖN
MÖRK
EXOTISK
GENERÖS
LYCKLIG

TUNG
HJÄLPSAM
ÄRLIG
IDENTISK
VIKTIG
MODERN
ALLVARLIG
LÅNGSAM
TUNN
VÄRDEFULL

81 - Rainforest

```
F U J T A M I L K R G M E D V R
C Å F K I N H E M S K O C C I E
T V G Y K V Z E G L U L Z G N S
W I P L E G N U J D G N T H S P
T C N F A G E M E N S K A P E E
Z R R L S R U J D G G Ä D Z K K
Ö C Y L S D O X B H Z H H H T T
I V C I O C Y B T O A G K D E G
O P E T M K O R L V T P X P R F
B T Z R G N I R E R U A T S E R
A L F L L U F E D R Ä V N O M W
Z H F E R E I B I F M A I I U F
E D N A R A V E B N A T U R S G
I N H G Z R D N R S R W G U O K
I L V H D T I W A L R N F J D R
M Å N G F A L D M D B X L F K J
```

AMFIBIER
FÅGLAR
BOTANISK
KLIMAT
MOLN
GEMENSKAP
MÅNGFALD
INHEMSK
INSEKTER
DJUNGEL

DÄGGDJUR
MOSSA
NATUR
BEVARANDE
TILLFLYKT
RESPEKT
RESTAURERING
ART
ÖVERLEVNAD
VÄRDEFULL

82 - Global Warming

```
A K E N E R G I N U M B U K L R
I R R F R A M T I D I K P O I J
O N K I I T Y F R B L V P N V R
X I R T S U D N I N J V M S S X
K D S G I D A T A L Ö B Ä E M A
K C M M E S A G C O Z L R K I F
R A G N I N K L O F E B K V L H
K I N T Y M E O A K P K S E J F
R R I F C K V R G M K A A N Ö O
E S L T O R K L A D T X M S E R
G U K I L U T L N T J M H E R S
E C C D M D D P L A I D E R G K
R A E E T X H Y F M K O T N C A
I L V K E O L I E I V N N L D R
N S T B G I A H J L A S R E O E
G H U C D Y O W L K O V A M R T
```

ARKTISK
UPPMÄRKSAMHET
KLIMAT
KONSEKVENSER
KRIS
DATA
UTVECKLING
ENERGI
MILJÖ

FRAMTID
GAS
GENERATIONER
REGERING
LIVSMILJÖER
INDUSTRI
NU
BEFOLKNINGAR
FORSKARE

83 - Landscapes

```
O F C F L O D S Y C U C K J Ö H
H Y H O D S I I J Y D C L N X A
A H K K S Ä R T S Ö X K I G S L
V C I U S F G Y A Ö S J P Z T V
F Z R L A D R L M W K K P S R Ö
R Y A L O G E J S E R E A Z A U
C E R E U C B M S P B A N N N U
X D I T A R S E V O F H E R D X
Z G U Z F B I X R I S A Y V K O
M I F Y A T T O R G Y K X R G Z
R G R U R I E J W W W M Y O N V
T M D B D C D E Y W L Y L A F U
L L A F N E T T A V M N A R W L
Y H V C U A W P M Y V T H G N K
E O S H T I E Y J D R O Y H E A
T B G L A C I Ä R F Z U Z Y Y N
```

STRAND
GROTTA
KLIPPA
ÖKEN
GEJSER
GLACIÄR
KULLE
ISBERG
SJÖ
BERG

OAS
HALVÖ
FLOD
HAV
TRÄSK
TUNDRA
DAL
VULKAN
VATTENFALL

84 - Plants

```
M H W F V L R V Y V C D Z E F V
S U T K A K H V G Y J W S S W F
V B R C S W L I X D L V N Y Z Y
E M H G B O T A N I K X S K E O
P A D Ä R T O B R E R B Ö N A B
F B J E N Ö R Y N F E S H V M S
G Ö D S E L N Z H I V B G S M G
U F E D L E T A A H V A O X O T
K R O N B L A D X S Ö S T O L R
W H T M M S Ä R G M L S T W B Ä
C N G K Y K B Ä R B Z O K A Z D
F L O R A O H P O M U M L F M G
R T K W C G Y Y X B F S F R V Å
H F S T M I U P X T F M K V Z R
V E G E T A T I O N D C H E K D
C R I D G K P A N T G L O G R J
```

BAMBU
BÖNA
BÄR
BOTANIK
BUSKE
KAKTUS
GÖDSEL
FLORA
BLOMMA
LÖVVERK

SKOG
TRÄDGÅRD
GRÄS
MURGRÖNA
MOSSA
KRONBLAD
ROT
STAM
TRÄD
VEGETATION

85 - Boxing

```
K B C O W T A P K Y J V N S I H
Ä R S K U D G Y B J Y U U X V Ö
M V Y G E R A D N Å T S T O M R
P A I N G N Ä O P S E Z Y H I N
E W Z I Å Z C L Y P H D X R I L
O I R N B N R F A A G A A E Z L
A H X T M V C I I R I T K R Y A
J K G M R B F M F K D T C A T H
Y C J Ä A W U M J A R A O M V A
K J J H R U R N T W Ä M L O E N
H F K R O P P S T O F T K D L D
I D A E D X J N U T E U K H I S
O P J T A O E A L K V E I W E K
G N T Å K D P B W G O H I R B A
N Ä V E S H M B E I E F Z Z E R
S L W W E F A I S T Y R K A L P
```

KLOCKA
KROPP
HAKA
HÖRN
ARMBÅGE
UTMATTAD
KÄMPE
NÄVE
FOKUS
HANDSKAR

SKADOR
SPARKA
MOTSTÅNDARE
POÄNG
SNABB
ÅTERHÄMTNING
DOMARE
REP
FÄRDIGHET
STYRKA

86 - Countries #2

```
S O M A L I A E I Z L D Z M Y G
H H I F L R Z O R U B A B H Z C
U K R A I N A F R G J N A D X I
A V R R E O I T I A H M V M B K
K M C C P Z T X N N J A P N U C
F R Z D D H Y Y J D K R E C H P
L V R N A T S I K A P K T L O H
O S O A L A P E N I F N I L V L
A C H L B R F V A R V I O T O F
N E U K A J Y U D E L G P O O V
M M C E N W O S U B N E I R Y S
A E M R I Z N J S I B R E W U S
V S X G E G O Z A L M I N W C B
S W H I N X W G P P A A J X I J
A G N A C I A M A J A N Z L E C
E L O R N O N A B I L N D T Z A
```

ALBANIEN
DANMARK
ETIOPIEN
GREKLAND
HAITI
JAMAICA
JAPAN
LAOS
LIBANON
LIBERIA

MEXICO
NEPAL
NIGERIA
PAKISTAN
RYSSLAND
SOMALIA
SUDAN
SYRIEN
UGANDA
UKRAINA

87 - Ecology

```
H B W U V L Å L L B A R O Y K
C X K T E I F L O R A W C T P Ä
K D U H G V O U S Z D A V O G R
D A P B E S N A T U R L I G C R
L N J R T M F E M Å N G F A L D
A V K B A I A T L O C S F M I G
B E R G T L U A O L V Ä X T E R
O L W F I J N M R R Ä K Y R A G
L R B L O Ö A I T P K H G A C O
G E W B N O A L N I R A M P N Y
V V D O P D E K G D U C Y A H L
V Ö W E N A T U R Y D I Y N S T
F A V G M A O Y U S U S Z O D O
X I H F R I V I L L I G A B F X
Y N V U O T U K I F I Z C C I F
Z D G H J E R M D X L V K G L E
```

KLIMAT
SAMHÄLLEN
MÅNGFALD
TORKA
FAUNA
FLORA
GLOBAL
LIVSMILJÖ
MARIN
KÄRR

BERG
NATURLIG
NATUR
VÄXTER
MEDEL
ART
ÖVERLEVNAD
HÅLLBAR
VEGETATION
FRIVILLIGA

88 - Adjectives #2

```
H D E F S O M K Z P K S T B M L
Y U G I R G N U H R I T O E T P
B N E P L I O R F O A O R S R D
L W W X R I S D E D N L R K S J
V W L B N C C K D U S T Z R J R
V V X V W B F J A K V B T I F T
E L K Z V X D P F T A D P V V B
J S T A R K D W N I R N D A Z B
B D L I V K R D U V I A K N I L
I N T R E S S A N T G T R D H R
Y Ä R X L S Y V G N I U E E A M
P K K B G N X Å F A N R A S X B
V R E I L P V G V G M L T A Z N
I A N V C O H E P E Ö I I L K R
I L R Y B F U B P L S G V T H B
K R E M K S I T N E T U A M P E
```

AUTENTISK
KREATIV
BESKRIVANDE
TORR
ELEGANT
KÄND
BEGÅVAD
FRISKA
VARM
HUNGRIG

INTRESSANT
NATURLIG
NY
PRODUKTIV
STOLT
ANSVARIG
SALT
SÖMNIG
STARK
VILD

89 - Psychology

```
O I D Z Y B F T K D K L H W I U
M E D V E T S L Ö S Ä Z T V Y B
U G G W A I S E E D N E E T E B
U T G M S V E B T K S I N I L K
N E N I M Z Z I E Y L S Y I U Z
D H I Ä F V K K C R A K N A T A
E G K B M U P P F A T T N I N G
R I Ä A E N G K N N V H O P M R
M L N R L V I U O G E H P A R U
E K S N B X A N H G W V K R B U
D R L D O X H X G V N I E E R S
V E O O R A M M Ö R D I D T C E
E V R M P D Z V C B J T T É R I
T E H G I L N O S R E P X I E J
N K O N F L I K T B J G O N O R
A B E D Ö M N I N G T C F L T N
```

UTNÄMNING
BEDÖMNING
BETEENDE
BARNDOM
KLINISK
KOGNITION
KONFLIKT
DRÖMMAR
EGO
KÄNSLOR

IDÉER
UPPFATTNING
PERSONLIGHET
PROBLEM
VERKLIGHET
KÄNSLA
UNDERMEDVETNA
TERAPI
TANKAR
MEDVETSLÖS

90 - Math

```
R D I V I S I O N P O L Y G O N
D E G B R V N P H C T A F I D F
J I K S A A N S U M M A N N I R
D D D T N E N O P X E G V D A A
E A T E A W W U O A J R V F M K
C R P R C N O I T A V K E O E T
I I A K B M G A B N S T C P T I
M M R M X R F E P I Y X F P E O
A W A O N P P X L R M S H E R N
L D L E G N A I R T M Y L O V D
R D L A F U A X W E E T X M T P
B V E M T Y E U T M T H O E R V
T I L V C Y G M I O R U U R I X
L J L B R X F L R E I S D W G M
V I N K L A R V K G R L O N B P
K M A R I T M E T I S K G H L O
```

VINKLAR
ARITMETISK
OMKRETS
DECIMAL
DIAMETER
DIVISION
EKVATION
EXPONENT
FRAKTION
GEOMETRI

TAL
PARALLELL
POLYGON
RADIE
REKTANGEL
TORG
SUMMA
SYMMETRI
TRIANGEL
VOLYM

91 - Water

```
C P D K F U K T C M F R N F X L
T A R D H N H J P E R T W G G D
T V K A B F K Z F Z O E J B L K
D D U F S M P M D X S T S K T T
C U A U V E M Y T H T I E J G E
B N W D U S C H U B R H O U E H
V S B G O I V H S D L T I A E G
Å T H A V L Z W F N A T R J G I
G N U G S D F N S F U K T I G T
O I E N U S N O M X M H S K P K
R N M Å R E G N E N U X M S B U
K G F O Z H Y C R O T S O F A F
A G N I N M Ä V S R E V Ö O P A
N I X O Y N B P S K S Z N J Y F
A J E D V U X A U A A F S K S R
L P J J B J G N I N T T A V E B
```

KANAL
FUKTIG
AVDUNSTNING
ÖVERSVÄMNING
FROST
GEJSER
FUKTIGHET
ORKAN
IS
BEVATTNING

SJÖ
FUKT
MONSUN
HAV
REGN
FLOD
DUSCH
SNÖ
ÅNGA
VÅGOR

92 - Activities

```
K F U X K Z I S N I S G X D R J
U F R H I I R T S Ö M N A D K E
G O S I A O Y I G A M I G G O O
S P E L T Z G C N A E N F O N U
P S L K B I H K N K J S Ä X S A
A J T C P U D N A T P Ä R A T K
C C U C K J Z I P I L L D G G V
H C I N Ö J E N V V Z W I N C I
A Z F R K O B G A I A K G I J N
N C A M P I N G N T A O H L I T
T M R I R T G A D E F E E P J R
V D G D A N S T R T J I T P G E
E A O Z S K T G I U O U S O I S
R A T K A J N P N Z D M K K E S
K D O U H Y G U G X D A I V E E
A E F K E R A M I K G V E A K N
```

AKTIVITET
KONST
CAMPING
KERAMIK
HANTVERK
DANS
FISKE
SPEL
VANDRING
JAKT

INTRESSEN
STICKNING
FRITID
MAGI
FOTOGRAFI
NÖJE
LÄSNING
AVKOPPLING
SÖMNAD
FÄRDIGHET

93 - Business

```
O E R A V I G S T E B R A V K S
X V A T U L A V K E K F O A O K
S N B S I B P U L E I Z R R N A
P Z A O I P E N G A R B X O T T
F P T K F N Y Z Y I B G U R O T
E Ö T L I H K F I N A N S T R E
H M R C H X R O V P F I I K I R
C W G S G Y H S M E V R Y A M K
E D L L Ä T S N A S P E U R O Z
U N M W Y L I W C V T T K R N Z
B U D G E T J L K T Y S V I O R
F Ö R E T A G N N H Y E U Ä K H
Z D Z X K B O W I Z M V M R E D
R X V Y D K N X O N P N R E G H
P W G U X Y I P R O G I A K T C
H V I L N H L A W S X R D Z B S
```

BUDGET
KARRIÄR
FÖRETAG
KOSTA
VALUTA
RABATT
EKONOMI
ANSTÄLLD
ARBETSGIVARE
FABRIK

FINANS
INKOMST
INVESTERING
CHEF
VAROR
PENGAR
KONTOR
FÖRSÄLJNING
BUTIK
SKATTER

94 - The Company

```
P R E S E N T A T I O N R A G M
R H S L G B W W W S X Ö V P B W
P R O F E S S I O N E L L K R H
J N J I T S M O K N I Z P I C O
P R Y A S I N V E S T E R I N G
U U C I M K V A L I T E T R T M
K J C L A B O L G T O W E I R Ö
R W U E R F Ö R E T A G A S E J
X S J M F K B F B V R D V K N L
E I N N O V A T I V T Y R E D I
N N Y F H K S U A P T D K R E G
Z P H V N Z N L E D E M H T R H
L W H E Y C Y S O B F Z I E E E
D W H D T U B E K R E A T I V T
Y P J G N E O B I N D U S T R I
Y Z M L G T R P R O D U K T L O
```

FÖRETAG
KREATIV
BESLUT
GLOBAL
INDUSTRI
INNOVATIVT
INVESTERING
MÖJLIGHET
PRESENTATION
PRODUKT
PROFESSIONELL
FRAMSTEG
KVALITET
RYKTE
MEDEL
INKOMST
RISKER
TRENDER
ENHETER
LÖN

95 - Literature

```
F D J S D I K T O D K E N A B C
A Ö C N L I T S V N T R O P I T
R K R S M U R Y B K E A G E O O
N Y R F N R T R I M M T Y R G V
P G O L A I D S O A A T L B R T
I G F I M T K Y A S W Ä Y C A D
Y X A B O O T L X T E R D O F X
U T T P R I C A V O S E N N I D
K A E N N T F N R A L B M L G C
X Y M O O X M A Y E E L T S F S
Y V S N G N I N V I R K S E B W
Å P O E T I S K Y E Ö N B E G X
C S V T R A G E D I F D O T J S
Y P I G O L A N A F M W V D P G
X X J K C W G G H E Ä D C K G G
K S F H T Z D B J I J S N A J E
```

ANALOGI
ANALYS
ANEKDOT
FÖRFATTARE
BIOGRAFI
JÄMFÖRELSE
SLUTSATS
BESKRIVNING
DIALOG
METAFOR

BERÄTTARE
ROMAN
ÅSIKT
DIKT
POETISK
RIM
RYTM
STIL
TEMA
TRAGEDI

96 - Geography

```
G U K A O B U N O U O G S L E A
Z K R A E X G I Y R C X Ö A K T
S O R T R E G B E R G H D N V L
T A M M B T S Ä V R C R E D A A
A W V R O I A L A O I K R O T S
D F G X Å K I B T N X O R L O I
H M S H D D G C D D N N Y F R D
N A I D I R E M M A M T N R T D
W Z L X B K E G A R C I K N U M
N I D V K X A T O G Y N D Y E O
J R X A K P A N Z D S E J I W O
K K I H H L H Ö J D C N N Y J K
H G J C H R O A O E K T G Z H M
H Z M U I R O T I R R E T I Z K
W X J L W D C O Z B V Ä R L D W
C F V A R B E K I K H Z Z U B J
```

HÖJD
ATLAS
STAD
KONTINENT
LAND
EKVATOR
HALVKLOT
BREDDGRAD
KARTA
MERIDIAN

BERG
NORR
OMRÅDE
FLOD
HAV
SÖDER
TERRITORIUM
VÄST
VÄRLD

97 - Jazz

```
M N P T U H B G Z R S F K X Z I
T R U M M O R S L N K A O H V M
Y X E V M U B L A S I V N U N P
P R J A K U O W P D J F O S W L R
O U Y O S L R C J K D R E N V O
L Å T N I X Ö K K L V I R U G V
A L B S K J T L E Y V T T M E I
M M E T O V I M G S J E B R N S
M F T N Z U S C W Z T R X D R A
A G O Ä C G O U L U N E C J E T
G J N R S E P M F X X G R L P I
W L I P U A M A P P L Å D E R O
N T N O C A O K Ä N D U L C Z N
I P G G R P K T A L A N G F H N
T E K N I K Z S L S T I L V H I
W K W U M F X Y K G G R S A T E
```

ALBUM
APPLÅDER
KONSTNÄR
KOMPOSITÖR
KONSERT
TRUMMOR
BETONING
KÄND
FAVORITER
GENRE

IMPROVISATION
MUSIK
NY
GAMMAL
ORKESTER
RYTM
LÅT
STIL
TALANG
TEKNIK

98 - Nature

```
L U V X S A A E R O S I O N Y K
H M L Y K R Ä I C A L G G U W L
T D U B Ö K U F I F A C R C N E
W O X O N T D J R F R I S T A D
F L O D H I Y U D E U M S K K L
Z O L E E S N A L M D A K S L I
W A H D T K A C U O K L S O I V
B V K L S B M F L L L T I J P R
X K S L H G I F V N J I P G P H
I W A Ö B R S E X I B J O S O Z
U A T V F C K Y H B C V R K R A
D Y Y V D B Y R W T L L T O M F
E K K E D N A R Ö G V A L G X E
N O W R N E G U L X W D I M M A
Z C H K T K Y U D I W E T R W S
O X S T C Ö H G L Y S E C F A O
```

DJUR
ARKTISK
SKÖNHET
BIN
KLIPPOR
MOLN
ÖKEN
DYNAMISK
EROSION
DIMMA

LÖVVERK
SKOG
GLACIÄR
FREDLIG
FLOD
FRISTAD
LUGN
TROPISK
AVGÖRANDE
VILD

99 - Vacation #2

```
Y R T Z H O D I M I T O B C H N
M C Ä E F D W D F G K A G A A D
U B L L E T O H Ö T Z F D M V U
S K T R D B S P R H E D S P M T
I O C W Y O O N W J K N M I J L
V X D E S T I N A T I O N N F Ä
T R A N S P O R T X G H S G L N
W E K T A G E B R F A M T I Y D
B T T B P Y V K A O A K R T G S
M S O Å R F Y M K S F O A A P K
T E C Z G J Y Z D I T N N F L I
E M L F R I T I D O T T D R A O
A E B M P C F S L K P V I F T K
X S A V Y J W W C H F Y L H S I
D U E X U E T U K B O W P I C Y
V B E R G N I N N Ä L T U W W J
```

FLYGPLATS
STRAND
CAMPING
DESTINATION
UTLÄNDSK
UTLÄNNING
SEMESTER
HOTELL
RESA
FRITID

KARTA
BERG
PASS
HAV
TAXI
TÄLT
TÅG
TRANSPORT
VISUM

100 - Electricity

```
K S I R T K E L E A X R H I X M
U A X V W H S Y T W B R T C V D
T P B K Y M U R O T A R E N E G
T M H E X X M T L N T K E J B O
A A H X L L A S E R T R W I R P
G L G L A G R I N G E E R T B R
K O N L R T R E Y H R V T W P W
V A I G Ö Y W T K V I T I S O P
A T N I D D F A M I A Ä A O D F
N R T A B Y L Z D T R N L I H K
T Å S M G E P A F V I T A G E N
I D U N Y Z T F M W S E K X Y W
T Y R J R U B R W P Y N H E R E
E S T A O X N C N Z A G U B L M
T C U T E L E F O N N A Y I K E
B Y F G U A W F N E M M U F M D
```

BATTERI
GLÖDLAMPA
KABEL
ELEKTRISK
ELEKTRIKER
UTRUSTNING
GENERATOR
LAMPA
LASER
MAGNET

NEGATIV
NÄTVERK
OBJEKT
POSITIV
KVANTITET
UTTAG
LAGRING
TELEFON
TV
TRÅD

1 - Antiques

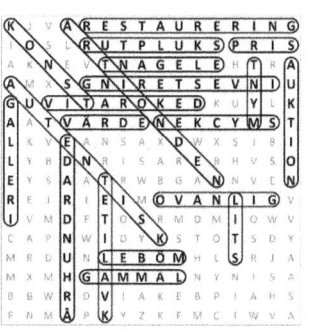

2 - Food #1

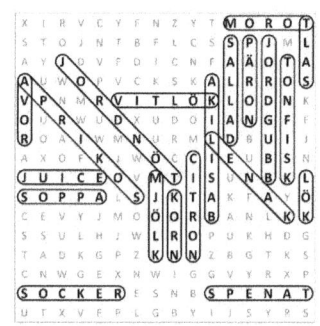

3 - Measurements

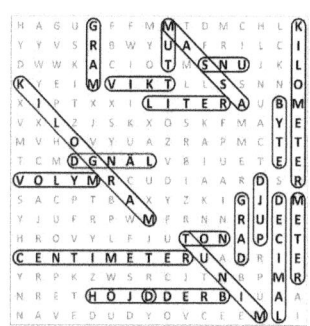

4 - Farm #2

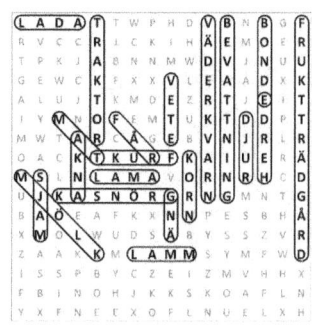

5 - Books

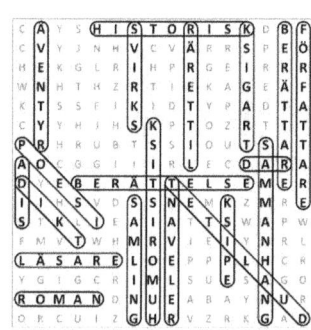

6 - Meditation

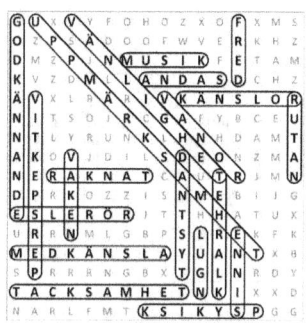

7 - Days and Months

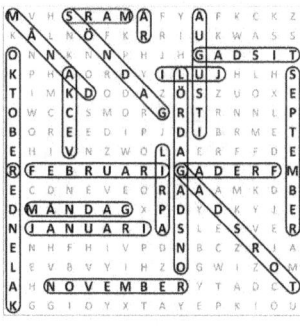

8 - Energy

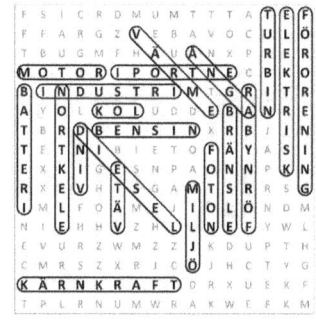

9 - Archeology

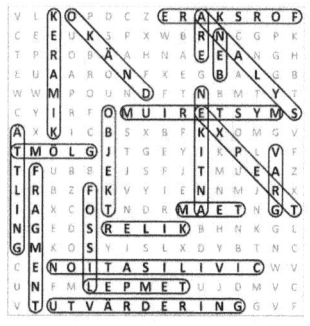

10 - Food #2

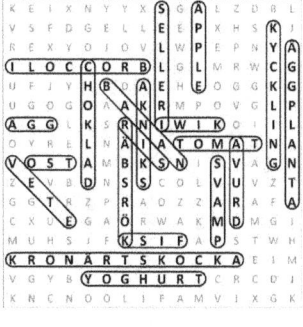

11 - Chemistry

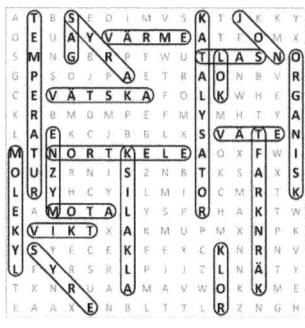

12 - Music

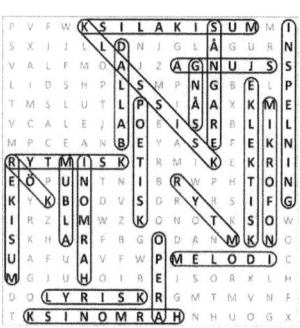

13 - Family
14 - Farm #1
15 - Camping

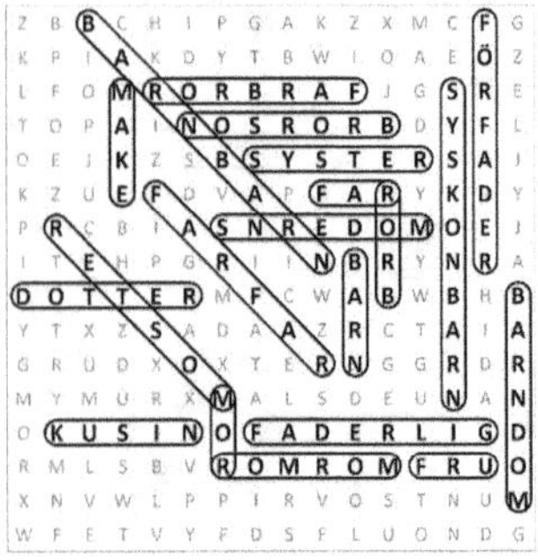

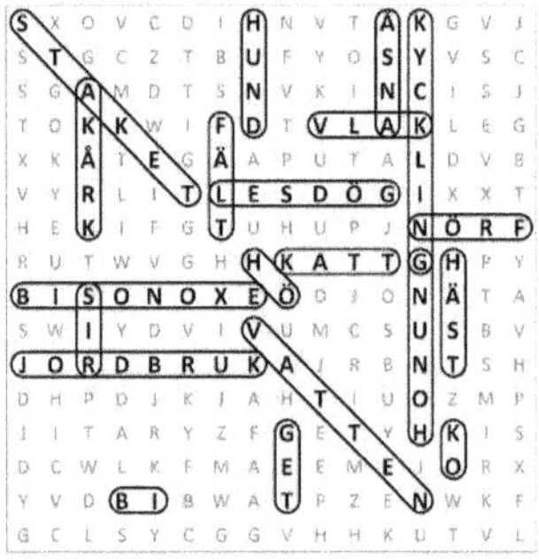

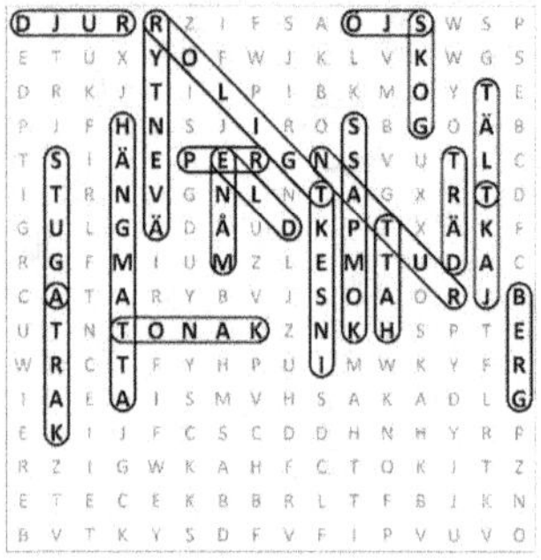

16 - Algebra
17 - Numbers
18 - Spices

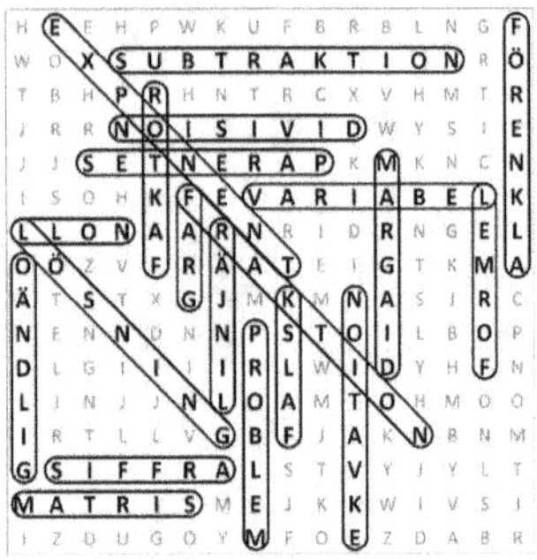

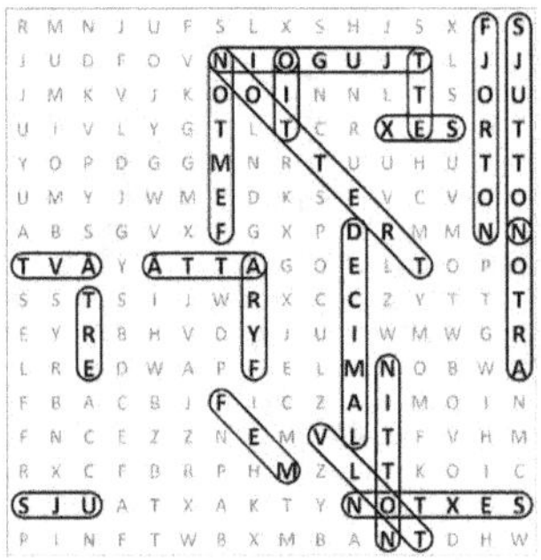

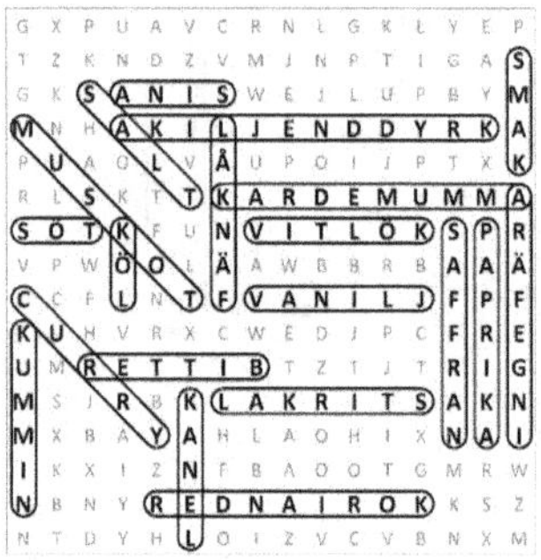

19 - Universe
20 - Mammals
21 - Bees

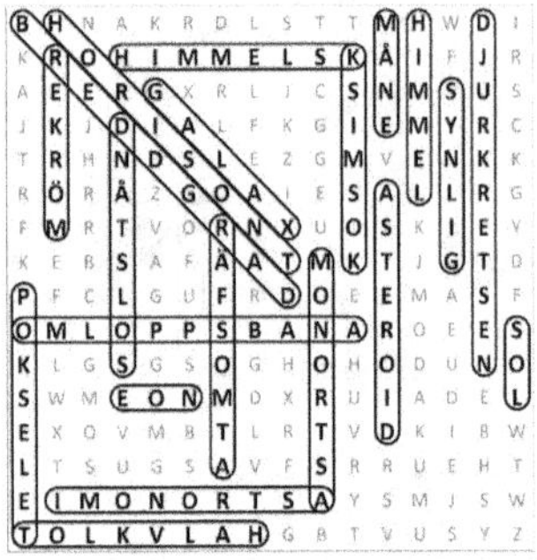

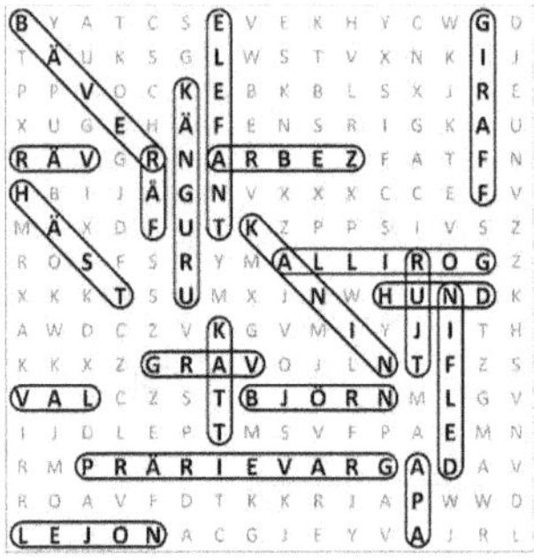

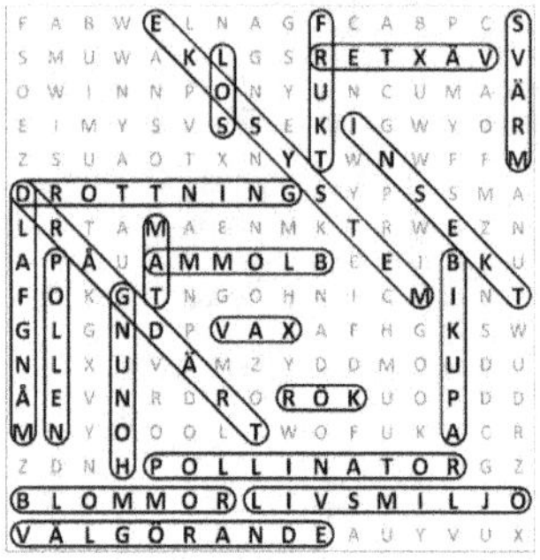

22 - Adventure
23 - Restaurant #2
24 - Geology

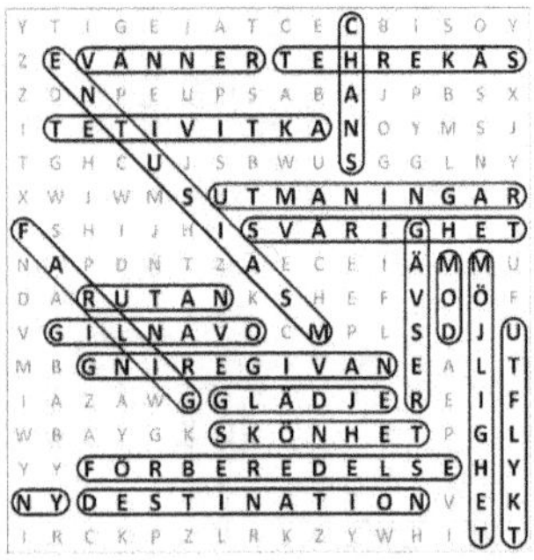

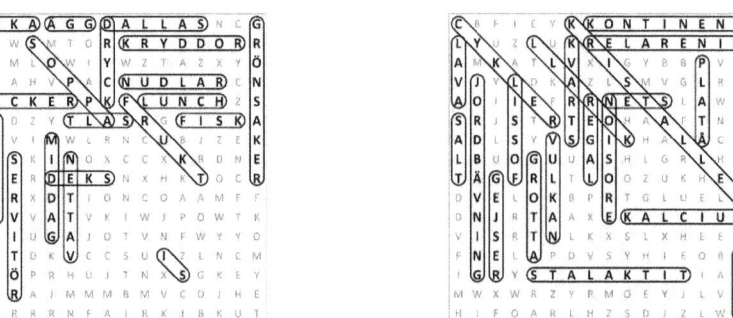

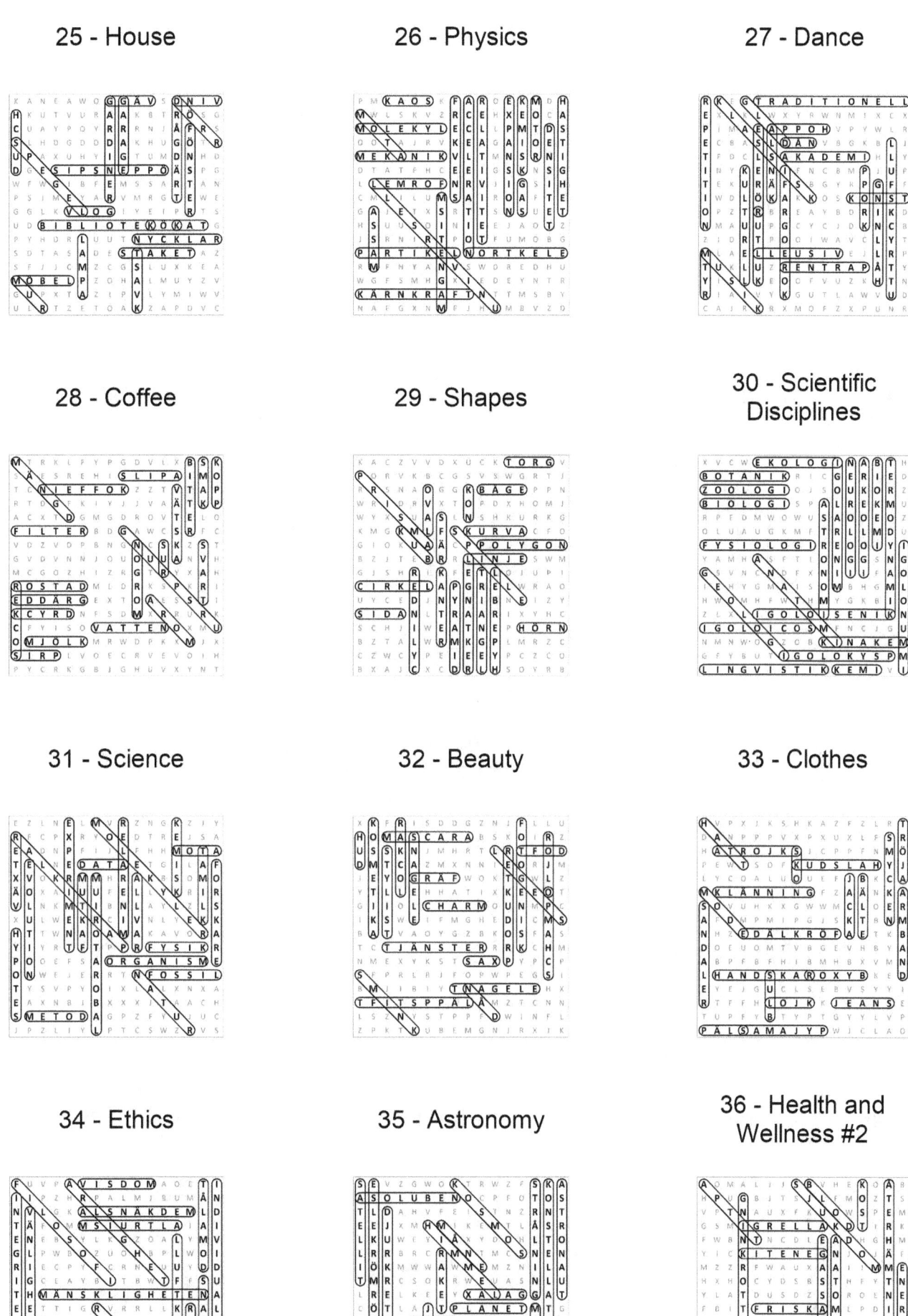

37 - Disease
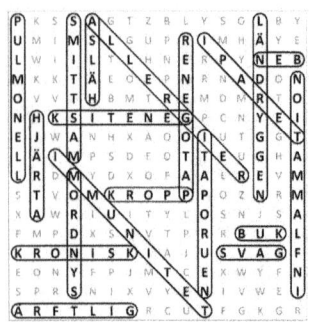

38 - Time

39 - Buildings
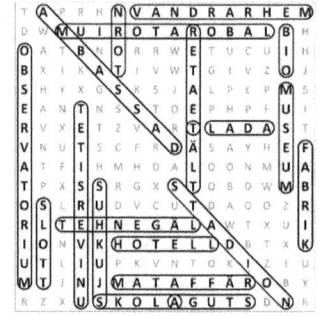

40 - Philanthropy
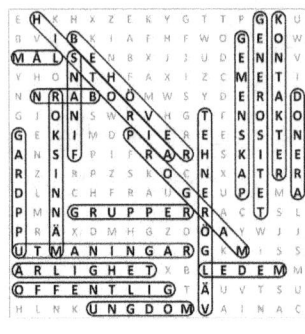

41 - Herbalism
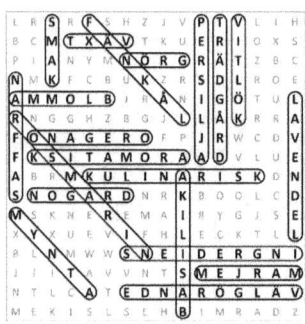

42 - Vehicles
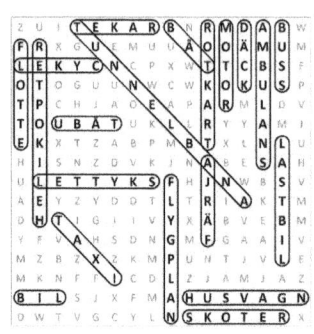

43 - Flowers
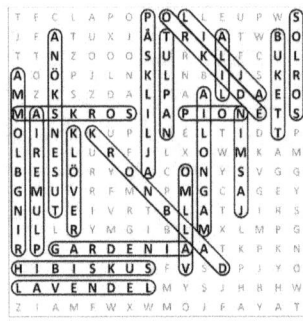

44 - Health and Wellness #1
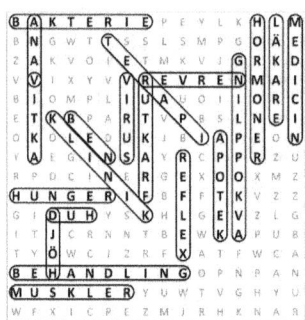

45 - Town
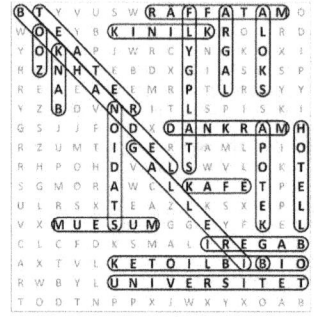

46 - Antarctica
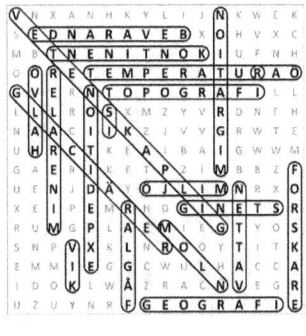

47 - Ballet
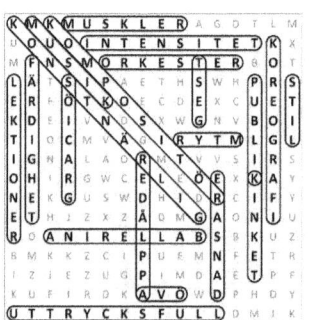

48 - Fashion
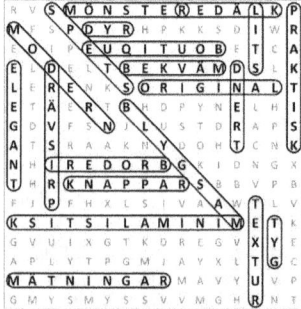

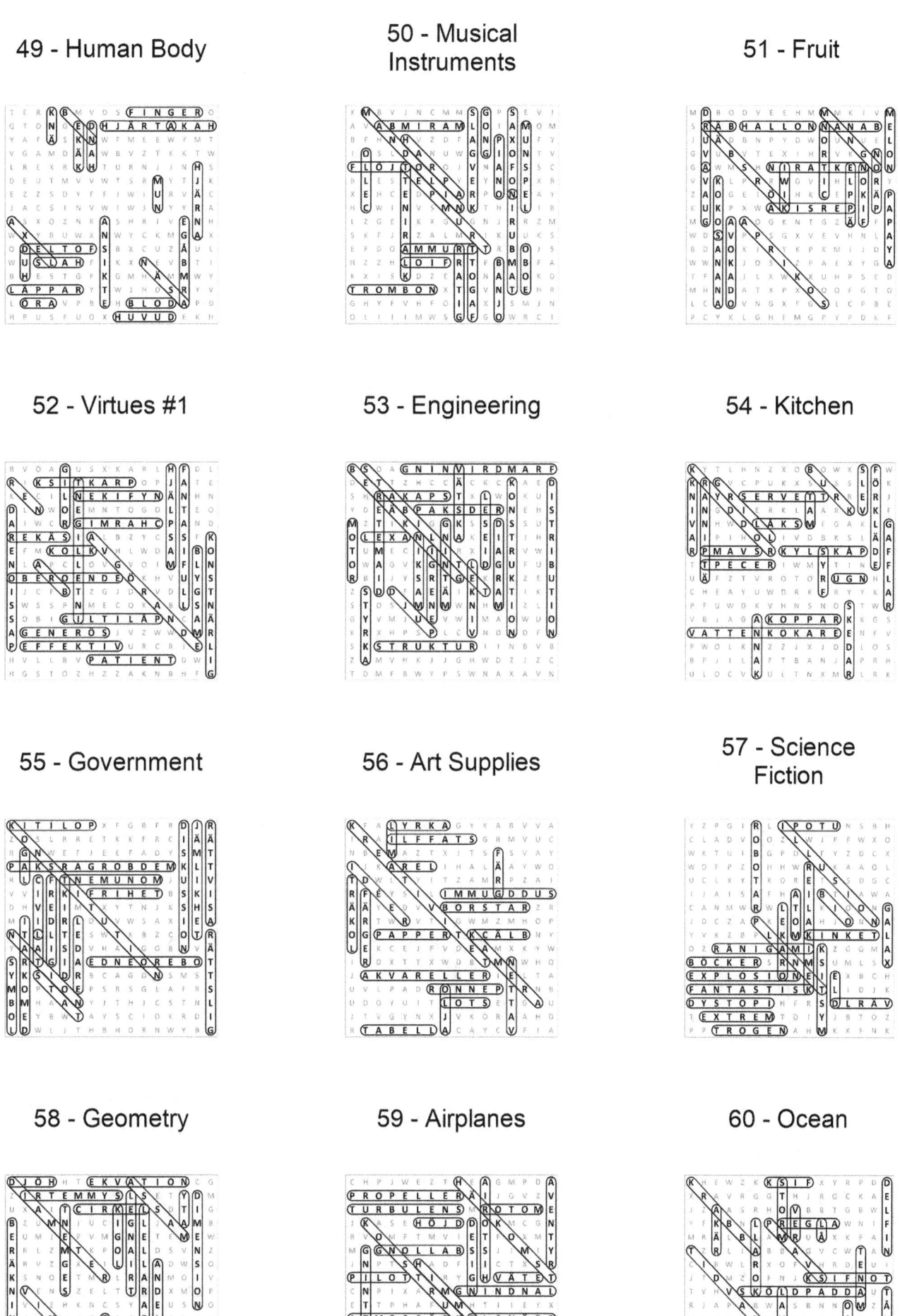

61 - Force and Gravity

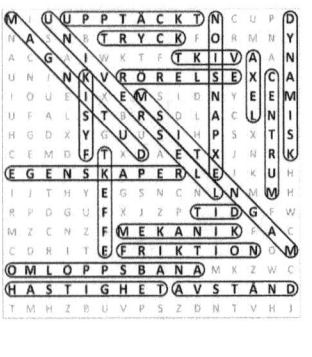

62 - Birds

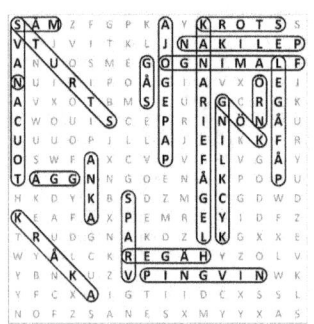

63 - Nutrition

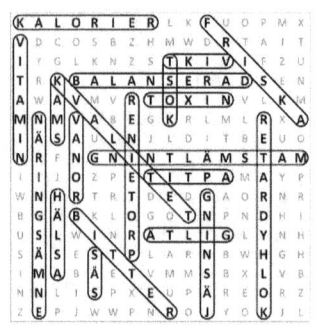

64 - Hiking

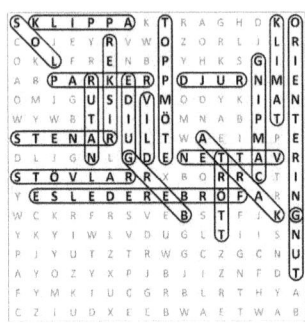

65 - Professions #1

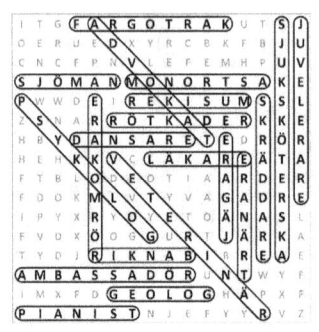

66 - Barbecues

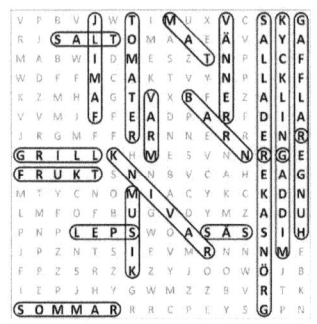

67 - Vegetables

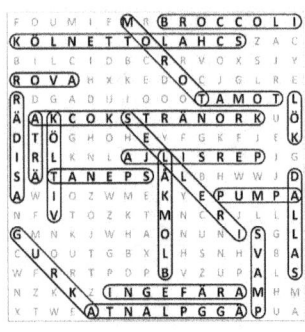

68 - The Media

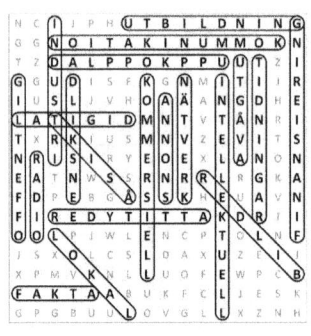

69 - Boats

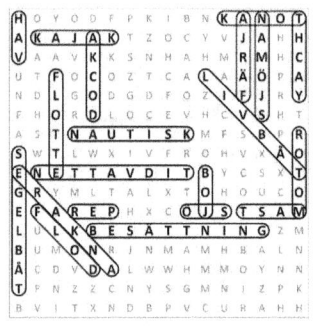

70 - Driving

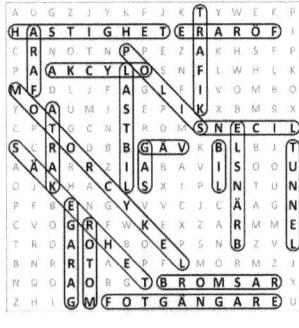

71 - Biology

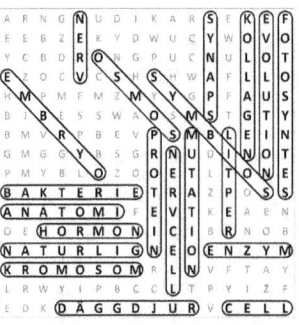

72 - Professions #2

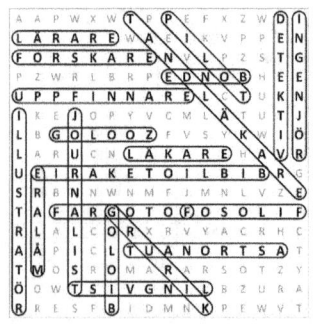

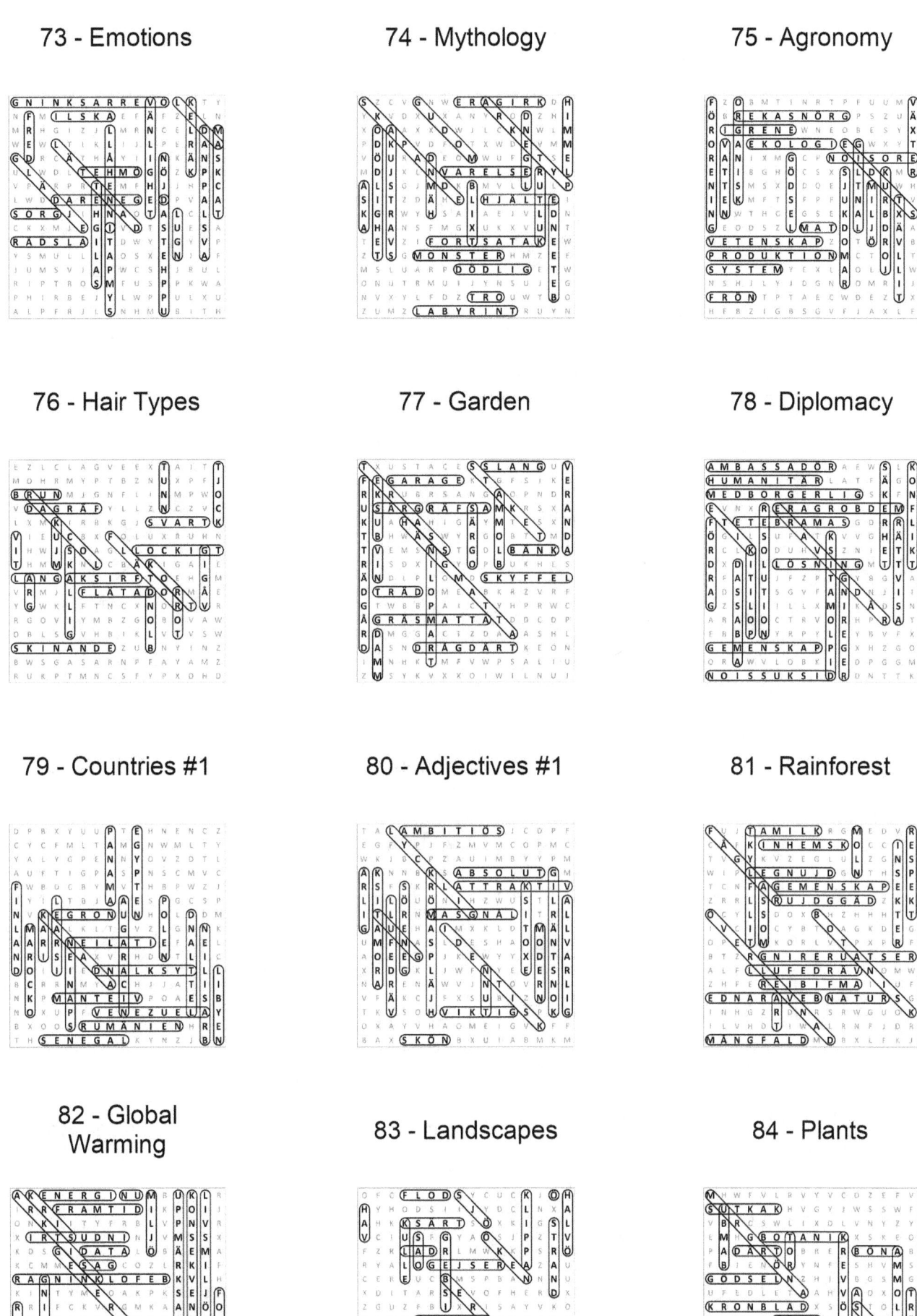

85 - Boxing

86 - Countries #2
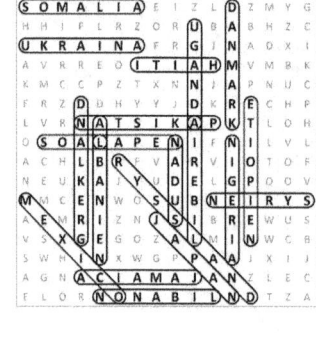

87 - Ecology
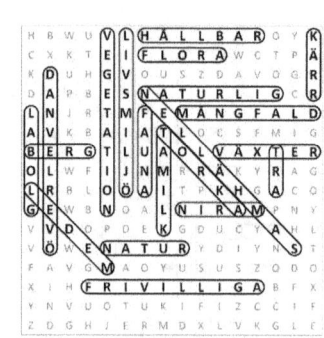

88 - Adjectives #2
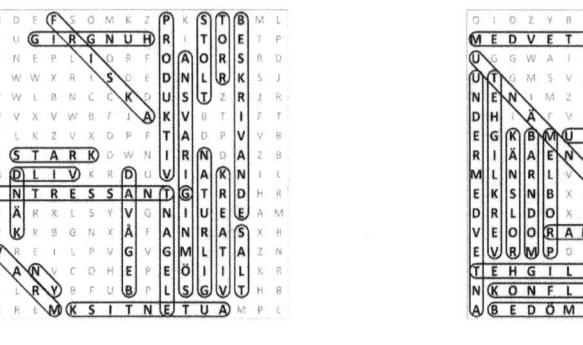

89 - Psychology
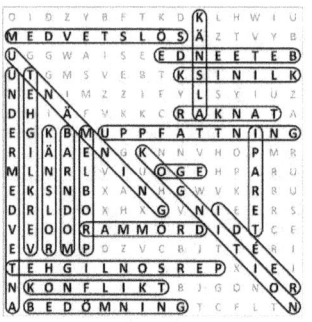

90 - Math
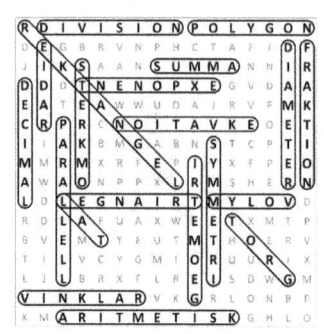

91 - Water
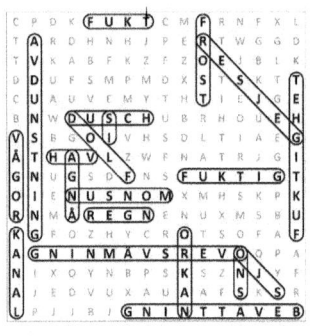

92 - Activities
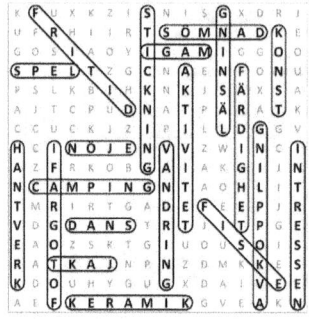

93 - Business
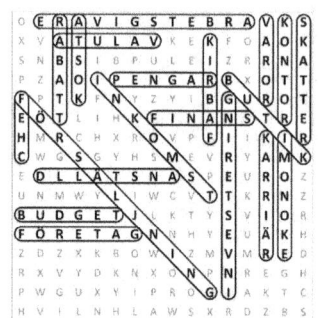

94 - The Company
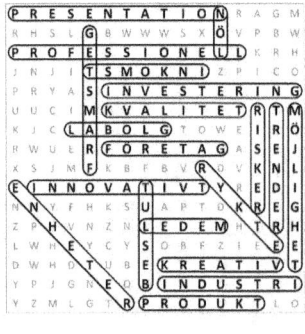

95 - Literature
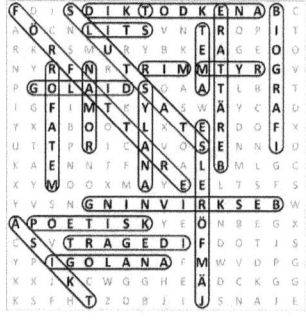

96 - Geography
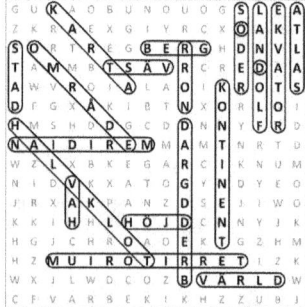

97 - Jazz
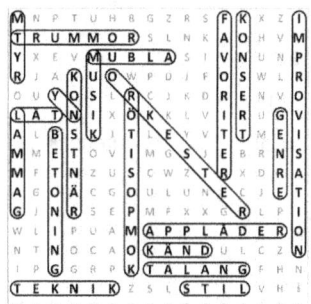

98 - Nature
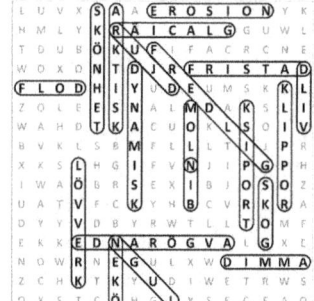

99 - Vacation #2
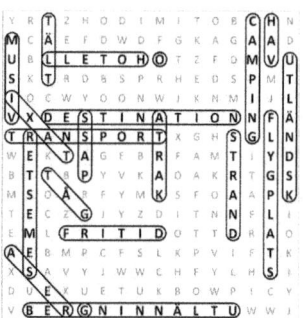

100 - Electricity
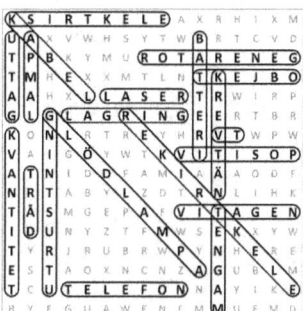

Dictionary

Activities
Aktiviteter

Activity	Aktivitet
Art	Konst
Camping	Camping
Ceramics	Keramik
Crafts	Hantverk
Dancing	Dans
Fishing	Fiske
Games	Spel
Hiking	Vandring
Hunting	Jakt
Interests	Intressen
Knitting	Stickning
Leisure	Fritid
Magic	Magi
Photography	Fotografi
Pleasure	Nöje
Reading	Läsning
Relaxation	Avkoppling
Sewing	Sömnad
Skill	Färdighet

Adjectives #1
Adjektiv #1

Absolute	Absolut
Ambitious	Ambitiös
Aromatic	Aromatisk
Artistic	Konstnärlig
Attractive	Attraktiv
Beautiful	Skön
Dark	Mörk
Exotic	Exotisk
Generous	Generös
Happy	Lycklig
Heavy	Tung
Helpful	Hjälpsam
Honest	Ärlig
Identical	Identisk
Important	Viktig
Modern	Modern
Serious	Allvarlig
Slow	Långsam
Thin	Tunn
Valuable	Värdefull

Adjectives #2
Adjektiv #2

Authentic	Autentisk
Creative	Kreativ
Descriptive	Beskrivande
Dry	Torr
Elegant	Elegant
Famous	Känd
Gifted	Begåvad
Healthy	Friska
Hot	Varm
Hungry	Hungrig
Interesting	Intressant
Natural	Naturlig
New	Ny
Productive	Produktiv
Proud	Stolt
Responsible	Ansvarig
Salty	Salt
Sleepy	Sömnig
Strong	Stark
Wild	Vild

Adventure
Äventyr

Activity	Aktivitet
Beauty	Skönhet
Bravery	Mod
Challenges	Utmaningar
Chance	Chans
Dangerous	Farlig
Destination	Destination
Difficulty	Svårighet
Enthusiasm	Entusiasm
Excursion	Utflykt
Friends	Vänner
Itinerary	Resväg
Joy	Glädje
Nature	Natur
Navigation	Navigering
New	Ny
Opportunity	Möjlighet
Preparation	Förberedelse
Safety	Säkerhet
Unusual	Ovanlig

Agronomy
Agronomi

Agriculture	Jordbruk
Diseases	Sjukdomar
Ecology	Ekologi
Energy	Energi
Environment	Miljö
Erosion	Erosion
Fertilizer	Gödsel
Food	Mat
Growth	Tillväxt
Organic	Organisk
Plants	Växter
Pollution	Förorening
Production	Produktion
Rural	Lantlig
Science	Vetenskap
Seeds	Frön
Study	Studie
Systems	System
Vegetables	Grönsaker
Water	Vatten

Airplanes
Flygplan

Adventure	Äventyr
Air	Luft
Atmosphere	Atmosfär
Balloon	Ballong
Construction	Konstruktion
Crew	Besättning
Descent	Härkomst
Design	Design
Direction	Riktning
Engine	Motor
Fuel	Bränsle
Height	Höjd
History	Historia
Hydrogen	Väte
Landing	Landning
Passenger	Passagerare
Pilot	Pilot
Propellers	Propeller
Sky	Himmel
Turbulence	Turbulens

Algebra
Algebra

Diagram	Diagram
Division	Division
Equation	Ekvation
Exponent	Exponent
Factor	Faktor
False	Falsk
Formula	Formel
Fraction	Fraktion
Graph	Graf
Infinite	Oändlig
Linear	Linjär
Matrix	Matris
Number	Siffra
Parenthesis	Parentes
Problem	Problem
Simplify	Förenkla
Solution	Lösning
Subtraction	Subtraktion
Variable	Variabel
Zero	Noll

Antarctica
Antarktis

Bay	Vik
Birds	Fåglar
Clouds	Moln
Conservation	Bevarande
Continent	Kontinent
Environment	Miljö
Expedition	Expedition
Geography	Geografi
Glaciers	Glaciärer
Ice	Is
Islands	Öar
Migration	Migration
Minerals	Mineraler
Peninsula	Halvö
Researcher	Forskare
Rocky	Stenig
Scientific	Vetenskaplig
Temperature	Temperatur
Topography	Topografi
Water	Vatten

Antiques
Antikviteter

Art	Konst
Auction	Auktion
Authentic	Autentisk
Century	Århundrade
Coins	Mynt
Decades	Årtionden
Decorative	Dekorativ
Elegant	Elegant
Furniture	Möbel
Gallery	Galleri
Investment	Investering
Jewelry	Smycken
Old	Gammal
Price	Pris
Quality	Kvalitet
Restoration	Restaurering
Sculpture	Skulptur
Style	Stil
Unusual	Ovanlig
Value	Värde

Archeology
Arkeologi

Analysis	Analys
Antiquity	Antiken
Bones	Ben
Civilization	Civilisation
Descendant	Ättling
Era	Era
Evaluation	Utvärdering
Expert	Expert
Forgotten	Glömt
Fossil	Fossil
Fragments	Fragment
Mystery	Mysterium
Objects	Objekt
Pottery	Keramik
Relic	Relik
Researcher	Forskare
Team	Team
Temple	Tempel
Tomb	Grav
Unknown	Okänd

Art Supplies
Konstmaterial

Acrylic	Akryl
Brushes	Borstar
Camera	Kamera
Chair	Stol
Charcoal	Träkol
Clay	Lera
Colors	Färger
Creativity	Kreativitet
Easel	Staffli
Eraser	Suddgummi
Glue	Lim
Ideas	Idéer
Ink	Bläck
Oil	Olja
Paints	Färg
Paper	Papper
Pencils	Pennor
Table	Tabell
Water	Vatten
Watercolors	Akvareller

Astronomy
Astronomi

Asteroid	Asteroid
Astronaut	Astronaut
Astronomer	Astronom
Constellation	Konstellation
Cosmos	Kosmos
Earth	Jord
Eclipse	Förmörkelse
Equinox	Dagjämning
Galaxy	Galax
Meteor	Meteor
Moon	Måne
Nebula	Nebulosa
Observatory	Observatorium
Planet	Planet
Radiation	Strålning
Rocket	Raket
Satellite	Satellit
Sky	Himmel
Supernova	Supernova
Zodiac	Djurkretsen

Ballet
Balett

Applause	Applåder
Artistic	Konstnärlig
Audience	Publik
Ballerina	Ballerina
Choreography	Koreografi
Composer	Kompositör
Dancers	Dansare
Expressive	Uttrycksfull
Gesture	Gest
Graceful	Graciös
Intensity	Intensitet
Lessons	Lektioner
Muscles	Muskler
Music	Musik
Orchestra	Orkester
Practice	Öva
Rhythm	Rytm
Skill	Färdighet
Style	Stil
Technique	Teknik

Barbecues
Grillar

Chicken	Kyckling
Children	Barn
Dinner	Middag
Family	Familj
Food	Mat
Forks	Gafflar
Friends	Vänner
Fruit	Frukt
Games	Spel
Grill	Grill
Hot	Varm
Hunger	Hunger
Knives	Knivar
Music	Musik
Salads	Sallader
Salt	Salt
Sauce	Sås
Summer	Sommar
Tomatoes	Tomater
Vegetables	Grönsaker

Beauty
Skönhet

Charm	Charm
Color	Färg
Cosmetics	Kosmetika
Curls	Lockar
Elegance	Elegans
Elegant	Elegant
Fragrance	Doft
Grace	Nåd
Lipstick	Läppstift
Makeup	Smink
Mascara	Mascara
Mirror	Spegel
Oils	Oljor
Photogenic	Fotogenisk
Products	Produkter
Scissors	Sax
Services	Tjänster
Shampoo	Schampo
Skin	Hud
Stylist	Stylist

Bees
Bin

Beneficial	Välgörande
Blossom	Blomma
Diversity	Mångfald
Ecosystem	Ekosystem
Flowers	Blommor
Food	Mat
Fruit	Frukt
Garden	Trädgård
Habitat	Livsmiljö
Hive	Bikupa
Honey	Honung
Insect	Insekt
Plants	Växter
Pollen	Pollen
Pollinator	Pollinator
Queen	Drottning
Smoke	Rök
Sun	Sol
Swarm	Svärm
Wax	Vax

Biology
Biologi

Anatomy	Anatomi
Bacteria	Bakterie
Cell	Cell
Chromosome	Kromosom
Collagen	Kollagen
Embryo	Embryo
Enzyme	Enzym
Evolution	Evolution
Hormone	Hormon
Mammal	Däggdjur
Mutation	Mutation
Natural	Naturlig
Nerve	Nerv
Neuron	Nervcell
Osmosis	Osmos
Photosynthesis	Fotosyntes
Protein	Protein
Reptile	Reptil
Symbiosis	Symbios
Synapse	Synaps

Birds
Fåglar

Canary	Kanariefågel
Chicken	Kyckling
Crow	Kråka
Cuckoo	Gök
Duck	Anka
Eagle	Örn
Egg	Ägg
Flamingo	Flamingo
Goose	Gås
Gull	Mås
Heron	Häger
Ostrich	Struts
Parrot	Papegoja
Peacock	Påfågel
Pelican	Pelikan
Penguin	Pingvin
Sparrow	Sparv
Stork	Stork
Swan	Svan
Toucan	Toucan

Boats
Båtar

Anchor	Ankare
Buoy	Boj
Canoe	Kanot
Crew	Besättning
Dock	Docka
Engine	Motor
Ferry	Färja
Kayak	Kajak
Lake	Sjö
Lifeboat	Livbåt
Mast	Mast
Nautical	Nautisk
Raft	Flotte
River	Flod
Rope	Rep
Sailboat	Segelbåt
Sailor	Sjöman
Sea	Hav
Tide	Tidvatten
Yacht	Yacht

Books
Böcker

Adventure	Äventyr
Author	Författare
Collection	Samling
Context	Sammanhang
Duality	Dualitet
Epic	Episk
Historical	Historisk
Humorous	Humoristisk
Literary	Litterär
Narrator	Berättare
Novel	Roman
Page	Sida
Poem	Dikt
Poetry	Poesi
Reader	Läsare
Relevant	Relevant
Series	Rad
Story	Berättelse
Tragic	Tragisk
Written	Skrivs

Boxing
Boxning

Bell	Klocka
Body	Kropp
Chin	Haka
Corner	Hörn
Elbow	Armbåge
Exhausted	Utmattad
Fighter	Kämpe
Fist	Näve
Focus	Fokus
Gloves	Handskar
Injuries	Skador
Kick	Sparka
Opponent	Motståndare
Points	Poäng
Quick	Snabb
Recovery	Återhämtning
Referee	Domare
Ropes	Rep
Skill	Färdighet
Strength	Styrka

Buildings
Byggnader

Apartment	Lägenhet
Barn	Lada
Cabin	Stuga
Castle	Slott
Cinema	Bio
Embassy	Ambassad
Factory	Fabrik
Hospital	Sjukhus
Hostel	Vandrarhem
Hotel	Hotell
Laboratory	Laboratorium
Museum	Museum
Observatory	Observatorium
School	Skola
Stadium	Stadion
Supermarket	Mataffär
Tent	Tält
Theater	Teater
Tower	Torn
University	Universitet

Business
Företag

Budget	Budget
Career	Karriär
Company	Företag
Cost	Kosta
Currency	Valuta
Discount	Rabatt
Economics	Ekonomi
Employee	Anställd
Employer	Arbetsgivare
Factory	Fabrik
Finance	Finans
Income	Inkomst
Investment	Investering
Manager	Chef
Merchandise	Varor
Money	Pengar
Office	Kontor
Sale	Försäljning
Shop	Butik
Taxes	Skatter

Camping
Camping

Adventure	Äventyr
Animals	Djur
Cabin	Stuga
Canoe	Kanot
Compass	Kompass
Fire	Eld
Forest	Skog
Fun	Roligt
Hammock	Hängmatta
Hat	Hatt
Hunting	Jakt
Insect	Insekt
Lake	Sjö
Map	Karta
Moon	Måne
Mountain	Berg
Nature	Natur
Rope	Rep
Tent	Tält
Trees	Träd

Chemistry
Kemi

Acid	Syra
Alkaline	Alkalisk
Atomic	Atom
Carbon	Kol
Catalyst	Katalysator
Chlorine	Klor
Electron	Elektron
Enzyme	Enzym
Gas	Gas
Heat	Värme
Hydrogen	Väte
Ion	Jon
Liquid	Vätska
Molecule	Molekyl
Nuclear	Kärnkraft
Organic	Organisk
Oxygen	Syre
Salt	Salt
Temperature	Temperatur
Weight	Vikt

Clothes
Kläder

Apron	Förkläde
Belt	Bälte
Blouse	Blus
Bracelet	Armband
Coat	Päls
Dress	Klänning
Fashion	Mode
Gloves	Handskar
Hat	Hatt
Jacket	Jacka
Jeans	Jeans
Jewelry	Smycken
Pajamas	Pyjamas
Pants	Byxor
Sandals	Sandaler
Scarf	Halsduk
Shirt	Skjorta
Shoe	Sko
Skirt	Kjol
Sweater	Tröja

Coffee
Kaffe

Acidic	Sur
Aroma	Arom
Beverage	Dryck
Bitter	Bitter
Black	Svart
Caffeine	Koffein
Cream	Grädde
Cup	Kopp
Filter	Filter
Flavor	Smak
Grind	Slipa
Liquid	Vätska
Milk	Mjölk
Morning	Morgon
Origin	Ursprung
Price	Pris
Roasted	Rostad
Sugar	Socker
Variety	Mängd
Water	Vatten

Countries #1
Länder #1

Brazil	Brasilien
Canada	Kanada
Egypt	Egypten
Finland	Finland
Germany	Tyskland
Iraq	Irak
Israel	Israel
Italy	Italien
Latvia	Lettland
Libya	Libyen
Morocco	Marocko
Nicaragua	Nicaragua
Norway	Norge
Panama	Panama
Poland	Polen
Romania	Rumänien
Senegal	Senegal
Spain	Spanien
Venezuela	Venezuela
Vietnam	Vietnam

Countries #2
Länder #2

Albania	Albanien
Denmark	Danmark
Ethiopia	Etiopien
Greece	Grekland
Haiti	Haiti
Jamaica	Jamaica
Japan	Japan
Laos	Laos
Lebanon	Libanon
Liberia	Liberia
Mexico	Mexico
Nepal	Nepal
Nigeria	Nigeria
Pakistan	Pakistan
Russia	Ryssland
Somalia	Somalia
Sudan	Sudan
Syria	Syrien
Uganda	Uganda
Ukraine	Ukraina

Dance
Dansa

Academy	Akademi
Art	Konst
Body	Kropp
Choreography	Koreografi
Classical	Klassisk
Cultural	Kulturell
Culture	Kultur
Emotion	Känsla
Expressive	Uttrycksfull
Grace	Nåd
Joyful	Glad
Jump	Hoppa
Movement	Rörelse
Music	Musik
Partner	Partner
Posture	Hållning
Rehearsal	Repetition
Rhythm	Rytm
Traditional	Traditionell
Visual	Visuell

Days and Months
Dagar och Månader

April	April
August	Augusti
Calendar	Kalender
February	Februari
Friday	Fredag
January	Januari
July	Juli
March	Mars
Monday	Måndag
Month	Månad
November	November
October	Oktober
Saturday	Lördag
September	September
Sunday	Söndag
Thursday	Torsdag
Tuesday	Tisdag
Wednesday	Onsdag
Week	Vecka
Year	År

Diplomacy
Diplomati

Adviser	Rådgivare
Ambassador	Ambassadör
Citizens	Medborgare
Civic	Medborgerlig
Community	Gemenskap
Conflict	Konflikt
Cooperation	Samarbete
Diplomatic	Diplomatisk
Discussion	Diskussion
Embassy	Ambassad
Ethics	Etik
Government	Regering
Humanitarian	Humanitär
Integrity	Integritet
Justice	Rättvisa
Politics	Politik
Resolution	Resolution
Security	Säkerhet
Solution	Lösning
Treaty	Fördrag

Disease
Sjukdom

Abdominal	Buk
Allergies	Allergier
Body	Kropp
Bones	Ben
Chronic	Kronisk
Contagious	Smittsam
Genetic	Genetisk
Health	Hälsa
Heart	Hjärta
Hereditary	Ärftlig
Immunity	Immunitet
Inflammation	Inflammation
Lumbar	Ländryggen
Neuropathy	Neuropati
Pathogens	Patogener
Pulmonary	Pulmonell
Respiratory	Respiratorisk
Syndrome	Syndrom
Therapy	Terapi
Weak	Svag

Driving
Körning

Accident	Olycka
Brakes	Bromsar
Car	Bil
Danger	Fara
Driver	Förare
Fuel	Bränsle
Garage	Garage
Gas	Gas
License	Licens
Map	Karta
Motor	Motor
Motorcycle	Motorcykel
Pedestrian	Fotgängare
Police	Polis
Road	Väg
Safety	Säkerhet
Speed	Hastighet
Traffic	Trafik
Truck	Lastbil
Tunnel	Tunnel

Ecology
Ekologi

Climate	Klimat
Communities	Samhällen
Diversity	Mångfald
Drought	Torka
Fauna	Fauna
Flora	Flora
Global	Global
Habitat	Livsmiljö
Marine	Marin
Marsh	Kärr
Mountains	Berg
Natural	Naturlig
Nature	Natur
Plants	Växter
Resources	Medel
Species	Art
Survival	Överlevnad
Sustainable	Hållbar
Vegetation	Vegetation
Volunteers	Frivilliga

Electricity
El

Battery	Batteri
Bulb	Glödlampa
Cable	Kabel
Electric	Elektrisk
Electrician	Elektriker
Equipment	Utrustning
Generator	Generator
Lamp	Lampa
Laser	Laser
Magnet	Magnet
Negative	Negativ
Network	Nätverk
Objects	Objekt
Positive	Positiv
Quantity	Kvantitet
Socket	Uttag
Storage	Lagring
Telephone	Telefon
Television	Tv
Wires	Tråd

Emotions
Känslor

Anger	Ilska
Bliss	Salighet
Boredom	Leda
Content	Innehåll
Embarrassed	Generad
Excited	Upphetsad
Fear	Rädsla
Grateful	Tacksam
Joy	Glädje
Kindness	Vänlighet
Love	Kärlek
Peace	Fred
Relaxed	Avslappnad
Relief	Lättnad
Sadness	Sorg
Satisfied	Nöjd
Surprise	Överraskning
Sympathy	Sympati
Tenderness	Ömhet
Tranquility	Lugn

Energy
Energi

Battery	Batteri
Carbon	Kol
Diesel	Diesel
Electric	Elektrisk
Electron	Elektron
Entropy	Entropi
Environment	Miljö
Fuel	Bränsle
Gasoline	Bensin
Heat	Värme
Hydrogen	Väte
Industry	Industri
Motor	Motor
Nuclear	Kärnkraft
Photon	Foton
Pollution	Förorening
Renewable	Förnybar
Steam	Ånga
Turbine	Turbin
Wind	Vind

Engineering
Teknik

Angle	Vinkel
Axis	Axel
Calculation	Beräkning
Construction	Konstruktion
Depth	Djup
Diagram	Diagram
Diameter	Diameter
Diesel	Diesel
Distribution	Distribution
Energy	Energi
Gears	Redskap
Levers	Spakar
Liquid	Vätska
Machine	Maskin
Measurement	Mätning
Motor	Motor
Propulsion	Framdrivning
Stability	Stabilitet
Strength	Styrka
Structure	Struktur

Ethics
Etik

Altruism	Altruism
Benevolent	Välvillig
Compassion	Medkänsla
Cooperation	Samarbete
Dignity	Värdighet
Diplomatic	Diplomatisk
Honesty	Ärlighet
Humanity	Mänskligheten
Individualism	Individualism
Integrity	Integritet
Kindness	Vänlighet
Optimism	Optimism
Patience	Tålamod
Philosophy	Filosofi
Rationality	Rationalitet
Realism	Realism
Reasonable	Rimlig
Respectful	Respektfull
Tolerance	Tolerans
Wisdom	Visdom

Family
Familj

Ancestor	Förfader
Aunt	Moster
Brother	Bror
Child	Barn
Childhood	Barndom
Cousin	Kusin
Daughter	Dotter
Father	Far
Grandchild	Barnbarn
Grandfather	Farfar
Grandmother	Mormor
Husband	Make
Maternal	Moderns
Mother	Mor
Nephew	Brorson
Niece	Syskonbarn
Paternal	Faderlig
Sister	Syster
Uncle	Farbror
Wife	Fru

Farm #1
Gård #1

Agriculture	Jordbruk
Bee	Bi
Bison	Bisonoxe
Calf	Kalv
Cat	Katt
Chicken	Kyckling
Cow	Ko
Crow	Kråka
Dog	Hund
Donkey	Åsna
Fence	Staket
Fertilizer	Gödsel
Field	Fält
Goat	Get
Hay	Hö
Honey	Honung
Horse	Häst
Rice	Ris
Seeds	Frön
Water	Vatten

Farm #2
Gård #2

Animals	Djur
Barley	Korn
Barn	Lada
Corn	Majs
Duck	Anka
Farmer	Bonde
Food	Mat
Fruit	Frukt
Irrigation	Bevattning
Lamb	Lamm
Llama	Lama
Meadow	Äng
Milk	Mjölk
Orchard	Fruktträdgård
Sheep	Får
Shepherd	Herde
Tractor	Traktor
Vegetable	Grönsak
Wheat	Vete
Windmill	Väderkvarn

Fashion
Mode

Affordable	Prisvärd
Boutique	Boutique
Buttons	Knappar
Clothing	Kläder
Comfortable	Bekväm
Elegant	Elegant
Embroidery	Broderi
Expensive	Dyr
Fabric	Tyg
Lace	Spets
Measurements	Mätningar
Minimalist	Minimalistisk
Modern	Modern
Modest	Blygsam
Original	Original
Pattern	Mönster
Practical	Praktisk
Style	Stil
Texture	Textur
Trend	Trend

Flowers
Blommor

Bouquet	Bukett
Calendula	Ringblomma
Clover	Klöver
Daffodil	Påsklilja
Daisy	Tusensköna
Dandelion	Maskros
Gardenia	Gardenia
Hibiscus	Hibiskus
Jasmine	Jasmin
Lavender	Lavendel
Lilac	Lila
Lily	Lilja
Magnolia	Magnolia
Orchid	Orkidé
Peony	Pion
Petal	Kronblad
Plumeria	Plumeria
Poppy	Vallmo
Sunflower	Solros
Tulip	Tulpan

Food #1
Mat #1

Apricot	Aprikos
Barley	Korn
Basil	Basilika
Carrot	Morot
Cinnamon	Kanel
Garlic	Vitlök
Juice	Juice
Lemon	Citron
Milk	Mjölk
Onion	Lök
Peanut	Jordnöt
Pear	Päron
Salad	Sallad
Salt	Salt
Soup	Soppa
Spinach	Spenat
Strawberry	Jordgubb
Sugar	Socker
Tuna	Tonfisk
Turnip	Rova

Food #2
Mat #2

Apple	Äpple
Artichoke	Kronärtskocka
Banana	Banan
Broccoli	Broccoli
Celery	Selleri
Cheese	Ost
Cherry	Körsbär
Chicken	Kyckling
Chocolate	Choklad
Egg	Ägg
Eggplant	Äggplanta
Fish	Fisk
Grape	Druva
Ham	Skinka
Kiwi	Kiwi
Mushroom	Svamp
Rice	Ris
Tomato	Tomat
Wheat	Vete
Yogurt	Yoghurt

Force and Gravity
Kraft och Gravitation

Axis	Axel
Center	Centrum
Discovery	Upptäckt
Distance	Avstånd
Dynamic	Dynamisk
Expansion	Expansion
Friction	Friktion
Impact	Effekt
Magnetism	Magnetism
Magnitude	Magnitud
Mechanics	Mekanik
Motion	Rörelse
Orbit	Omloppsbana
Physics	Fysik
Pressure	Tryck
Properties	Egenskaper
Speed	Hastighet
Time	Tid
Universal	Universell
Weight	Vikt

Fruit
Frukt
Apple	Äpple
Apricot	Aprikos
Avocado	Avokado
Banana	Banan
Berry	Bär
Cherry	Körsbär
Coconut	Kokos
Fig	Fikon
Grape	Druva
Guava	Guava
Kiwi	Kiwi
Lemon	Citron
Mango	Mango
Melon	Melon
Nectarine	Nektarin
Papaya	Papaya
Peach	Persika
Pear	Päron
Pineapple	Ananas
Raspberry	Hallon

Garden
Trädgård
Bench	Bänk
Bush	Buske
Fence	Staket
Flower	Blomma
Garage	Garage
Garden	Trädgård
Grass	Gräs
Hammock	Hängmatta
Hose	Slang
Lawn	Gräsmatta
Orchard	Fruktträdgård
Pond	Damm
Porch	Veranda
Rake	Räfsa
Shovel	Skyffel
Terrace	Terrass
Trampoline	Trampolin
Tree	Träd
Vine	Vin
Weeds	Ogräs

Geography
Geografi
Altitude	Höjd
Atlas	Atlas
City	Stad
Continent	Kontinent
Country	Land
Equator	Ekvator
Hemisphere	Halvklot
Island	Ö
Latitude	Breddgrad
Map	Karta
Meridian	Meridian
Mountain	Berg
North	Norr
Region	Område
River	Flod
Sea	Hav
South	Söder
Territory	Territorium
West	Väst
World	Värld

Geology
Geologi
Acid	Syra
Calcium	Kalcium
Cavern	Grotta
Continent	Kontinent
Coral	Korall
Crystals	Kristaller
Cycles	Cykler
Earthquake	Jordbävning
Erosion	Erosion
Fossil	Fossil
Geyser	Gejser
Lava	Lava
Layer	Lager
Minerals	Mineraler
Plateau	Platå
Quartz	Kvarts
Salt	Salt
Stalactite	Stalaktit
Stone	Sten
Volcano	Vulkan

Geometry
Geometri
Angle	Vinkel
Calculation	Beräkning
Circle	Cirkel
Curve	Kurva
Diameter	Diameter
Dimension	Dimension
Equation	Ekvation
Height	Höjd
Horizontal	Horisontell
Logic	Logik
Mass	Massa
Median	Median
Number	Siffra
Parallel	Parallell
Proportion	Andel
Segment	Segment
Surface	Yta
Symmetry	Symmetri
Theory	Teori
Triangle	Triangel

Global Warming
Global Uppvärmning
Arctic	Arktisk
Attention	Uppmärksamhet
Climate	Klimat
Consequences	Konsekvenser
Crisis	Kris
Data	Data
Development	Utveckling
Energy	Energi
Environmental	Miljö
Future	Framtid
Gas	Gas
Generations	Generationer
Government	Regering
Habitats	Livsmiljöer
Industry	Industri
Legislation	Lagstiftning
Now	Nu
Populations	Befolkningar
Scientist	Forskare
Temperatures	Temperaturer

Government
Regeringen

Citizenship	Medborgarskap
Civil	Civil
Constitution	Konstitution
Democracy	Demokrati
Discussion	Diskussion
District	Distrikt
Equality	Jämlikhet
Independence	Oberoende
Judicial	Rättslig
Justice	Rättvisa
Law	Lag
Leader	Ledare
Liberty	Frihet
Monument	Monument
Nation	Nation
Peaceful	Fredlig
Politics	Politik
Speech	Tal
State	Stat
Symbol	Symbol

Hair Types
Hårtyper

Bald	Skallig
Black	Svart
Blond	Blond
Braided	Flätad
Braids	Flätor
Brown	Brun
Colored	Färgad
Curls	Lockar
Curly	Lockigt
Dry	Torr
Gray	Grå
Healthy	Friska
Long	Lång
Shiny	Skinande
Short	Kort
Soft	Mjuk
Thick	Tjock
Thin	Tunn
Wavy	Vågig
White	Vit

Health and Wellness #1
Hälsa och Välbefinnande

Active	Aktiv
Bacteria	Bakterie
Bones	Ben
Clinic	Klinik
Doctor	Läkare
Fracture	Fraktur
Habit	Vana
Height	Höjd
Hormones	Hormoner
Hunger	Hunger
Medicine	Medicin
Muscles	Muskler
Nerves	Nerver
Pharmacy	Apotek
Reflex	Reflex
Relaxation	Avkoppling
Skin	Hud
Therapy	Terapi
Treatment	Behandling
Virus	Virus

Health and Wellness #2
Hälsa och Välbefinnande

Allergy	Allergi
Anatomy	Anatomi
Appetite	Aptit
Blood	Blod
Calorie	Kalori
Dehydration	Uttorkning
Diet	Kost
Disease	Sjukdom
Energy	Energi
Genetics	Genetik
Healthy	Friska
Hospital	Sjukhus
Hygiene	Hygien
Infection	Infektion
Massage	Massage
Nutrition	Näring
Recovery	Återhämtning
Stress	Påfrestning
Vitamin	Vitamin
Weight	Vikt

Herbalism
Herbalism

Aromatic	Aromatisk
Basil	Basilika
Beneficial	Välgörande
Culinary	Kulinarisk
Fennel	Fänkål
Flavor	Smak
Flower	Blomma
Garden	Trädgård
Garlic	Vitlök
Green	Grön
Ingredient	Ingrediens
Lavender	Lavendel
Marjoram	Mejram
Mint	Mynta
Oregano	Oregano
Parsley	Persilja
Plant	Växt
Rosemary	Rosmarin
Saffron	Saffran
Tarragon	Dragon

Hiking
Vandring

Animals	Djur
Boots	Stövlar
Camping	Camping
Cliff	Klippa
Climate	Klimat
Guides	Guide
Hazards	Risker
Heavy	Tung
Map	Karta
Mountain	Berg
Nature	Natur
Orientation	Orientering
Parks	Parker
Preparation	Förberedelse
Stones	Stenar
Summit	Toppmöte
Sun	Sol
Tired	Trött
Water	Vatten
Wild	Vild

House
Hus
Attic	Vind
Broom	Kvast
Curtains	Gardiner
Door	Dörr
Fence	Staket
Fireplace	Öppen Spis
Floor	Golv
Furniture	Möbel
Garage	Garage
Garden	Trädgård
Keys	Nycklar
Kitchen	Kök
Lamp	Lampa
Library	Bibliotek
Mirror	Spegel
Roof	Tak
Room	Rum
Shower	Dusch
Wall	Vägg
Window	Fönster

Human Body
Människokroppen
Ankle	Fotled
Blood	Blod
Bones	Ben
Brain	Hjärna
Chin	Haka
Ear	Öra
Elbow	Armbåge
Face	Ansikte
Finger	Finger
Hand	Hand
Head	Huvud
Heart	Hjärta
Jaw	Käke
Knee	Knä
Lips	Läppar
Mouth	Mun
Neck	Hals
Nose	Näsa
Shoulder	Axel
Skin	Hud

Jazz
Jazz
Album	Album
Applause	Applåder
Artist	Konstnär
Composer	Kompositör
Concert	Konsert
Drums	Trummor
Emphasis	Betoning
Famous	Känd
Favorites	Favoriter
Genre	Genre
Improvisation	Improvisation
Music	Musik
New	Ny
Old	Gammal
Orchestra	Orkester
Rhythm	Rytm
Song	Låt
Style	Stil
Talent	Talang
Technique	Teknik

Kitchen
Kök
Apron	Förkläde
Bowl	Skål
Chopsticks	Ätpinnar
Cups	Koppar
Food	Mat
Forks	Gafflar
Freezer	Frys
Grill	Grill
Jar	Burk
Jug	Kanna
Kettle	Vattenkokare
Knives	Knivar
Ladle	Slev
Napkin	Servett
Oven	Ugn
Recipe	Recept
Refrigerator	Kylskåp
Spices	Kryddor
Sponge	Svamp
Spoons	Skedar

Landscapes
Landskap
Beach	Strand
Cave	Grotta
Cliff	Klippa
Desert	Öken
Geyser	Gejser
Glacier	Glaciär
Hill	Kulle
Iceberg	Isberg
Island	Ö
Lake	Sjö
Mountain	Berg
Oasis	Oas
Peninsula	Halvö
River	Flod
Sea	Hav
Swamp	Träsk
Tundra	Tundra
Valley	Dal
Volcano	Vulkan
Waterfall	Vattenfall

Literature
Litteratur
Analogy	Analogi
Analysis	Analys
Anecdote	Anekdot
Author	Författare
Biography	Biografi
Comparison	Jämförelse
Conclusion	Slutsats
Description	Beskrivning
Dialogue	Dialog
Metaphor	Metafor
Narrator	Berättare
Novel	Roman
Opinion	Åsikt
Poem	Dikt
Poetic	Poetisk
Rhyme	Rim
Rhythm	Rytm
Style	Stil
Theme	Tema
Tragedy	Tragedi

Mammals
Däggdjur

Bear	Björn
Beaver	Bäver
Bull	Tjur
Cat	Katt
Coyote	Prärievarg
Dog	Hund
Dolphin	Delfin
Elephant	Elefant
Fox	Räv
Giraffe	Giraff
Gorilla	Gorilla
Horse	Häst
Kangaroo	Känguru
Lion	Lejon
Monkey	Apa
Rabbit	Kanin
Sheep	Får
Whale	Val
Wolf	Varg
Zebra	Zebra

Math
Matematik

Angles	Vinklar
Arithmetic	Aritmetisk
Circumference	Omkrets
Decimal	Decimal
Diameter	Diameter
Division	Division
Equation	Ekvation
Exponent	Exponent
Fraction	Fraktion
Geometry	Geometri
Numbers	Tal
Parallel	Parallell
Polygon	Polygon
Radius	Radie
Rectangle	Rektangel
Square	Torg
Sum	Summa
Symmetry	Symmetri
Triangle	Triangel
Volume	Volym

Measurements
Mått

Byte	Byte
Centimeter	Centimeter
Decimal	Decimal
Degree	Grad
Depth	Djup
Gram	Gram
Height	Höjd
Inch	Tum
Kilogram	Kilogram
Kilometer	Kilometer
Length	Längd
Liter	Liter
Mass	Massa
Meter	Meter
Minute	Minut
Ounce	Uns
Ton	Ton
Volume	Volym
Weight	Vikt
Width	Bredd

Meditation
Meditation

Acceptance	Godkännande
Attention	Uppmärksamhet
Awake	Vaken
Breathing	Andas
Calm	Lugn
Clarity	Klarhet
Compassion	Medkänsla
Emotions	Känslor
Gratitude	Tacksamhet
Habits	Vanor
Kindness	Vänlighet
Mental	Psykisk
Mind	Sinne
Movement	Rörelse
Music	Musik
Nature	Natur
Peace	Fred
Perspective	Perspektiv
Silence	Tystnad
Thoughts	Tankar

Music
Musik

Album	Album
Ballad	Ballad
Chorus	Kör
Classical	Klassisk
Eclectic	Eklektisk
Harmonic	Harmonisk
Harmony	Harmoni
Lyrical	Lyrisk
Melody	Melodi
Microphone	Mikrofon
Musical	Musikalisk
Musician	Musiker
Opera	Opera
Poetic	Poetisk
Recording	Inspelning
Rhythm	Rytm
Rhythmic	Rytmisk
Sing	Sjunga
Singer	Sångare
Vocal	Sång

Musical Instruments
Musikinstrument

Banjo	Banjo
Bassoon	Fagott
Cello	Cello
Clarinet	Klarinett
Drum	Trumma
Flute	Flöjt
Gong	Gong
Guitar	Gitarr
Harmonica	Munspel
Harp	Harpa
Mandolin	Mandolin
Marimba	Marimba
Oboe	Oboe
Percussion	Slagverk
Piano	Piano
Saxophone	Saxofon
Tambourine	Tamburin
Trombone	Trombon
Trumpet	Trumpet
Violin	Fiol

Mythology
Mytologi

Archetype	Arketyp
Behavior	Beteende
Beliefs	Tro
Creation	Skapande
Creature	Varelse
Culture	Kultur
Deities	Gudom
Disaster	Katastrof
Heaven	Himmel
Hero	Hjälte
Immortality	Odödlighet
Jealousy	Svartsjuka
Labyrinth	Labyrint
Legend	Legend
Lightning	Blixt
Monster	Monster
Mortal	Dödlig
Revenge	Hämnd
Thunder	Åska
Warrior	Krigare

Nature
Natur

Animals	Djur
Arctic	Arktisk
Beauty	Skönhet
Bees	Bin
Cliffs	Klippor
Clouds	Moln
Desert	Öken
Dynamic	Dynamisk
Erosion	Erosion
Fog	Dimma
Foliage	Lövverk
Forest	Skog
Glacier	Glaciär
Peaceful	Fredlig
River	Flod
Sanctuary	Fristad
Serene	Lugn
Tropical	Tropisk
Vital	Avgörande
Wild	Vild

Numbers
Nummer

Decimal	Decimal
Eight	Åtta
Eighteen	Arton
Fifteen	Femton
Five	Fem
Four	Fyra
Fourteen	Fjorton
Nine	Nio
Nineteen	Nitton
One	Ett
Seven	Sju
Seventeen	Sjutton
Six	Sex
Sixteen	Sexton
Ten	Tio
Thirteen	Tretton
Three	Tre
Twelve	Tolv
Twenty	Tjugo
Two	Två

Nutrition
Näring

Appetite	Aptit
Balanced	Balanserad
Bitter	Bitter
Calories	Kalorier
Carbohydrates	Kolhydrater
Diet	Kost
Digestion	Matsmältning
Edible	Ätlig
Fermentation	Jäsning
Flavor	Smak
Habits	Vanor
Health	Hälsa
Healthy	Friska
Nutrient	Näringsämne
Proteins	Proteiner
Quality	Kvalitet
Sauce	Sås
Toxin	Toxin
Vitamin	Vitamin
Weight	Vikt

Ocean
Hav

Algae	Alger
Coral	Korall
Crab	Krabba
Dolphin	Delfin
Eel	Ål
Fish	Fisk
Jellyfish	Manet
Octopus	Bläckfisk
Oyster	Ostron
Reef	Rev
Salt	Salt
Seaweed	Tång
Shark	Haj
Shrimp	Räka
Sponge	Svamp
Storm	Storm
Tides	Tidvatten
Tuna	Tonfisk
Turtle	Sköldpadda
Whale	Val

Philanthropy
Filantropi

Challenges	Utmaningar
Charity	Välgörenhet
Children	Barn
Community	Gemenskap
Contacts	Kontakter
Donate	Donera
Finance	Finans
Funds	Medel
Generosity	Generositet
Goals	Mål
Groups	Grupper
History	Historia
Honesty	Ärlighet
Humanity	Mänskligheten
Mission	Uppdrag
Need	Behöver
People	Människor
Programs	Program
Public	Offentlig
Youth	Ungdom

Physics
Fysik

Acceleration	Acceleration
Atom	Atom
Chaos	Kaos
Chemical	Kemisk
Density	Densitet
Electron	Elektron
Engine	Motor
Expansion	Expansion
Formula	Formel
Frequency	Frekvens
Gas	Gas
Magnetism	Magnetism
Mass	Massa
Mechanics	Mekanik
Molecule	Molekyl
Nuclear	Kärnkraft
Particle	Partikel
Relativity	Relativitet
Universal	Universell
Velocity	Hastighet

Plants
Växter

Bamboo	Bambu
Bean	Böna
Berry	Bär
Botany	Botanik
Bush	Buske
Cactus	Kaktus
Fertilizer	Gödsel
Flora	Flora
Flower	Blomma
Foliage	Lövverk
Forest	Skog
Garden	Trädgård
Grass	Gräs
Ivy	Murgröna
Moss	Mossa
Petal	Kronblad
Root	Rot
Stem	Stam
Tree	Träd
Vegetation	Vegetation

Professions #1
Yrken # 1

Ambassador	Ambassadör
Astronomer	Astronom
Attorney	Advokat
Banker	Bankir
Cartographer	Kartograf
Coach	Tränare
Dancer	Dansare
Doctor	Läkare
Editor	Redaktör
Geologist	Geolog
Hunter	Jägare
Jeweler	Juvelerare
Musician	Musiker
Nurse	Sjuksköterska
Pianist	Pianist
Plumber	Rörmokare
Psychologist	Psykolog
Sailor	Sjöman
Tailor	Skräddare
Veterinarian	Veterinär

Professions #2
Yrken # 2

Astronaut	Astronaut
Biologist	Biolog
Dentist	Tandläkare
Detective	Detektiv
Engineer	Ingenjör
Farmer	Bonde
Illustrator	Illustratör
Inventor	Uppfinnare
Journalist	Journalist
Librarian	Bibliotekarie
Linguist	Lingvist
Painter	Målare
Philosopher	Filosof
Photographer	Fotograf
Physician	Läkare
Pilot	Pilot
Researcher	Forskare
Surgeon	Kirurg
Teacher	Lärare
Zoologist	Zoolog

Psychology
Psykologi

Appointment	Utnämning
Assessment	Bedömning
Behavior	Beteende
Childhood	Barndom
Clinical	Klinisk
Cognition	Kognition
Conflict	Konflikt
Dreams	Drömmar
Ego	Ego
Emotions	Känslor
Ideas	Idéer
Perception	Uppfattning
Personality	Personlighet
Problem	Problem
Reality	Verklighet
Sensation	Känsla
Subconscious	Undermedvetna
Therapy	Terapi
Thoughts	Tankar
Unconscious	Medvetslös

Rainforest
Regnskog

Amphibians	Amfibier
Birds	Fåglar
Botanical	Botanisk
Climate	Klimat
Clouds	Moln
Community	Gemenskap
Diversity	Mångfald
Indigenous	Inhemsk
Insects	Insekter
Jungle	Djungel
Mammals	Däggdjur
Moss	Mossa
Nature	Natur
Preservation	Bevarande
Refuge	Tillflykt
Respect	Respekt
Restoration	Restaurering
Species	Art
Survival	Överlevnad
Valuable	Värdefull

Restaurant #2
Restaurang nr 2

Beverage	Dryck
Cake	Kaka
Chair	Stol
Delicious	Läcker
Dinner	Middag
Eggs	Ägg
Fish	Fisk
Fork	Gaffel
Fruit	Frukt
Ice	Is
Lunch	Lunch
Noodles	Nudlar
Salad	Sallad
Salt	Salt
Soup	Soppa
Spices	Kryddor
Spoon	Sked
Vegetables	Grönsaker
Waiter	Servitör
Water	Vatten

Science
Vetenskap

Atom	Atom
Chemical	Kemisk
Climate	Klimat
Data	Data
Evolution	Evolution
Experiment	Experiment
Fact	Faktum
Fossil	Fossil
Gravity	Allvar
Hypothesis	Hypotes
Laboratory	Laboratorium
Method	Metod
Minerals	Mineraler
Molecules	Molekyler
Nature	Natur
Organism	Organism
Particles	Partiklar
Physics	Fysik
Plants	Växter
Scientist	Forskare

Science Fiction
Science Fiction

Atomic	Atom
Books	Böcker
Chemicals	Kemikalier
Cinema	Bio
Dystopia	Dystopi
Explosion	Explosion
Extreme	Extrem
Fantastic	Fantastisk
Fire	Eld
Futuristic	Trogen
Galaxy	Galax
Illusion	Illusion
Imaginary	Imaginär
Mysterious	Mystisk
Oracle	Orakel
Planet	Planet
Robots	Robotar
Technology	Teknik
Utopia	Utopi
World	Värld

Scientific Disciplines
Vetenskapliga Discipliner

Anatomy	Anatomi
Archaeology	Arkeologi
Astronomy	Astronomi
Biochemistry	Biokemi
Biology	Biologi
Botany	Botanik
Chemistry	Kemi
Ecology	Ekologi
Geology	Geologi
Immunology	Immunologi
Kinesiology	Kinesiologi
Linguistics	Lingvistik
Mechanics	Mekanik
Mineralogy	Mineralogi
Neurology	Neurologi
Physiology	Fysiologi
Psychology	Psykologi
Sociology	Sociologi
Thermodynamics	Termodynamik
Zoology	Zoologi

Shapes
Former

Arc	Båge
Circle	Cirkel
Cone	Kon
Corner	Hörn
Cube	Kub
Curve	Kurva
Cylinder	Cylinder
Edges	Kanter
Ellipse	Ellips
Hyperbola	Hyperbel
Line	Linje
Oval	Oval
Polygon	Polygon
Prism	Prisma
Pyramid	Pyramid
Rectangle	Rektangel
Side	Sida
Sphere	Sfär
Square	Torg
Triangle	Triangel

Spices
Kryddor

Anise	Anis
Bitter	Bitter
Cardamom	Kardemumma
Cinnamon	Kanel
Clove	Kryddnejlika
Coriander	Koriander
Cumin	Kummin
Curry	Curry
Fennel	Fänkål
Flavor	Smak
Garlic	Vitlök
Ginger	Ingefära
Licorice	Lakrits
Nutmeg	Muskot
Onion	Lök
Paprika	Paprika
Saffron	Saffran
Salt	Salt
Sweet	Söt
Vanilla	Vanilj

The Company
Företaget

Business	Företag
Creative	Kreativ
Decision	Beslut
Global	Global
Industry	Industri
Innovative	Innovativt
Investment	Investering
Possibility	Möjlighet
Presentation	Presentation
Product	Produkt
Professional	Professionell
Progress	Framsteg
Quality	Kvalitet
Reputation	Rykte
Resources	Medel
Revenue	Inkomst
Risks	Risker
Trends	Trender
Units	Enheter
Wages	Lön

The Media
Medium

Advertisements	Annons
Attitudes	Attityder
Commercial	Kommersiell
Communication	Kommunikation
Digital	Digital
Edition	Utgåva
Education	Utbildning
Facts	Fakta
Funding	Finansiering
Images	Bilder
Individual	Enskild
Industry	Industri
Intellectual	Intellektuell
Local	Lokal
Network	Nätverk
Newspapers	Tidningar
Online	Uppkopplad
Opinion	Åsikt
Public	Offentlig
Radio	Radio

Time
Tid

Annual	Årlig
Before	Före
Calendar	Kalender
Century	Århundrade
Clock	Klocka
Day	Dag
Decade	Årtionde
Early	Tidig
Future	Framtid
Hour	Timme
Minute	Minut
Month	Månad
Morning	Morgon
Night	Natt
Noon	Middag
Now	Nu
Soon	Snart
Today	Idag
Week	Vecka
Year	År

Town
Staden

Airport	Flygplats
Bakery	Bageri
Bank	Bank
Bookstore	Bokhandel
Cafe	Kafé
Cinema	Bio
Clinic	Klinik
Gallery	Galleri
Hotel	Hotell
Library	Bibliotek
Market	Marknad
Museum	Museum
Pharmacy	Apotek
School	Skola
Stadium	Stadion
Store	Lagra
Supermarket	Mataffär
Theater	Teater
University	Universitet
Zoo	Zoo

Universe
Universum

Asteroid	Asteroid
Astronomer	Astronom
Astronomy	Astronomi
Atmosphere	Atmosfär
Celestial	Himmelsk
Cosmic	Kosmisk
Darkness	Mörker
Eon	Eon
Galaxy	Galax
Hemisphere	Halvklot
Horizon	Horisont
Latitude	Breddgrad
Moon	Måne
Orbit	Omloppsbana
Sky	Himmel
Solar	Sol
Solstice	Solstånd
Telescope	Teleskop
Visible	Synlig
Zodiac	Djurkretsen

Vacation #2
Semester # 2

Airport	Flygplats
Beach	Strand
Camping	Camping
Destination	Destination
Foreign	Utländsk
Foreigner	Utlänning
Holiday	Semester
Hotel	Hotell
Island	Ö
Journey	Resa
Leisure	Fritid
Map	Karta
Mountains	Berg
Passport	Pass
Sea	Hav
Taxi	Taxi
Tent	Tält
Train	Tåg
Transportation	Transport
Visa	Visum

Vegetables
Grönsaker

Artichoke	Kronärtskocka
Broccoli	Broccoli
Carrot	Morot
Cauliflower	Blomkål
Celery	Selleri
Cucumber	Gurka
Eggplant	Äggplanta
Garlic	Vitlök
Ginger	Ingefära
Mushroom	Svamp
Onion	Lök
Parsley	Persilja
Pea	Ärta
Pumpkin	Pumpa
Radish	Rädisa
Salad	Sallad
Shallot	Schalottenlök
Spinach	Spenat
Tomato	Tomat
Turnip	Rova

Vehicles
Fordon

Airplane	Flygplan
Ambulance	Ambulans
Bicycle	Cykel
Boat	Båt
Bus	Buss
Car	Bil
Caravan	Husvagn
Ferry	Färja
Helicopter	Helikopter
Motor	Motor
Raft	Flotte
Rocket	Raket
Scooter	Skoter
Shuttle	Skyttel
Submarine	Ubåt
Subway	Tunnelbana
Taxi	Taxi
Tires	Däck
Tractor	Traktor
Truck	Lastbil

Virtues #1
Dygder #1

Artistic	Konstnärlig
Charming	Charmig
Clean	Ren
Confident	Säker
Curious	Nyfiken
Decisive	Avgörande
Efficient	Effektiv
Funny	Rolig
Generous	Generös
Good	Bra
Helpful	Hjälpsam
Imaginative	Fantasifull
Independent	Oberoende
Intelligent	Intelligent
Modest	Blygsam
Passionate	Passionerad
Patient	Patient
Practical	Praktisk
Reliable	Pålitlig
Wise	Klok

Water
Vatten

Canal	Kanal
Damp	Fuktig
Evaporation	Avdunstning
Flood	Översvämning
Frost	Frost
Geyser	Gejser
Humidity	Fuktighet
Hurricane	Orkan
Ice	Is
Irrigation	Bevattning
Lake	Sjö
Moisture	Fukt
Monsoon	Monsun
Ocean	Hav
Rain	Regn
River	Flod
Shower	Dusch
Snow	Snö
Steam	Ånga
Waves	Vågor

Congratulations

You made it!

We hope you enjoyed this book as much as we enjoyed making it. We do our best to make high quality games.
These puzzles are designed in a clever way for you to learn actively while having fun!

Did you love them?

A Simple Request

Our books exist thanks your reviews. Could you help us by leaving one now?

Here is a short link which will take you to your order review page:

BestBooksActivity.com/Review50

MONSTER CHALLENGE!

Challenge #1

Ready for Your Bonus Game? We use them all the time but they are not so easy to find. Here are **Synonyms**!

Note 5 words you discovered in each of the Puzzles noted below (#21, #36, #76) and try to find 2 synonyms for each word.

Note 5 Words from **Puzzle 21**

Words	Synonym 1	Synonym 2

Note 5 Words from **Puzzle 36**

Words	Synonym 1	Synonym 2

Note 5 Words from **Puzzle 76**

Words	Synonym 1	Synonym 2

Challenge #2

Now that you are warmed-up, note 5 words you discovered in each Puzzle noted below (#9, #17, #25) and try to find 2 antonyms for each word. How many lines can you do in 20 minutes?

Note 5 Words from **Puzzle 9**

Words	Antonym 1	Antonym 2

Note 5 Words from **Puzzle 17**

Words	Antonym 1	Antonym 2

Note 5 Words from **Puzzle 25**

Words	Antonym 1	Antonym 2

Challenge #3

Wonderful, this monster challenge is nothing to you!

Ready for the last one? Choose your 10 favorite words discovered in any of the Puzzles and note them below.

1.	6.
2.	7.
3.	8.
4.	9.
5.	10.

Now, using these words and within a maximum of six sentences, your challenge is to compose a text about a person, animal or place that you love!

Tip: You can use the last blank page of this book as a draft!

Your Writing:

Explore a Unique Store Set Up **FOR YOU!**

BestActivityBooks.com/**TheStore**

Designed for Entertainment!

Light Up Your Brain With Unique **Gift Ideas**.

Access **Surprising** And **Essential Supplies!**

CHECK OUT OUR MONTHLY SELECTION NOW!

- **Expertly Crafted Products** -

NOTEBOOK:

SEE YOU SOON!

Linguas Classics Team

www.ingramcontent.com/pod-product-compliance
Lightning Source LLC
LaVergne TN
LVHW060320080526
838202LV00053B/4377